SVEN BECK

# BLÜH AUF!

SVEN BECK

# BLÜH AUF!

## STRESSFREI GÄRTNERN

UND KRAFT AUS DEM EIGENEN GARTEN SCHÖPFEN

EMF

EIN BUCH DER
EDITION MICHAEL FISCHER

# INHALT

# VORWORT

Hast du Lust auf eine spannende Gartenreise, bei der sich nicht nur dein Garten, deine Terrasse oder dein Balkon zu einer blühenden Oase entwickeln wird, sondern auch du entspannt, gestärkt und mutig die dornigen Situationen des Alltags bewältigen kannst? Bei der du lernst, dich wohlzufühlen, zu entspannen und bei dir selbst anzukommen? Du ebenso erblühst, wie dein eigenes Stück Grün?

Dann bist du hier genau richtig! Gemeinsam werden wir dein persönliches Blumenerlebnis schaffen. Ich begleite dich bei den grundlegenden Gartenarbeiten, wie beispielsweise der Anzucht und Pflege von Pflanzen, der Gestaltung deiner Gartenbeete und der optimalen Bepflanzung von Töpfen. Ich werde mit dir die Jahreszeiten feiern, kreativ werden und dein Herz mit den schönen Dingen des Alltags füllen. Und ganz nebenbei wird sich dein Garten, deine Terrasse oder dein Balkon zu einem Herzensort entwickeln, in dem Angst, Stress und Unsicherheit von ganz alleine verschwinden werden.

Als Psychologe und leidenschaftlicher Hobbygärtner habe ich schon früh erkannt, dass mein Garten eine wichtige Ressource zur Bewältigung des Alltags ist. Er hält mich mental gesund und schenkt unglaublich viel Kraft und Freude. Über meinen Garten habe ich zudem zu weiteren kreativen Hobbys gefunden, habe viele neue Menschen kennengelernt und bin letztlich zu einer längst verschollen geglaubten Leidenschaft zurückgekehrt: dem Schreiben.

So konnte auch dieses Buch entstehen, mit dem ich dich nun an meinen Erfahrungen, meiner Entwicklung und meiner Art zu gärtnern teilhaben lasse. Ein Weg, der ins Innere, aber auch auf nachhaltige und biologische Weise hinaus in den Garten führt.

Hast du nun Lust bekommen, mich zu begleiten? Dann lass uns gleich starten und deinen grünen Ort in ein Blumenparadies verwandeln!

Ich wünsche dir mit diesem Buch eine entspannte, blumige Zeit,

dein Sven Beck

# WESHALB EIN BUCH, DAS GARTEN UND SEELE ERBLÜHEN LÄSST?

**Ein Garten, eine Terrasse oder ein Balkon sind nicht einfach nur grüne Orte! Sie sind auch Plätze, die deine Seele berühren, dich stärken und dir blumige Erlebnisse der besonderen Art bescheren. Kurz gesagt: Herzens- oder Zufluchtsorte, die Stress, negative Gefühle und die Unsicherheiten des Alltags außen vor lassen.**

Wenn du bereits ein grünes Refugium dein Eigen nennst, wirst auch du den einen oder anderen positiven Effekt auf dein Innenleben bemerkt haben. Zudem gibt es mittlerweile Studien, die belegen, dass verschiedene Aspekte des Gärtnerns immens guttun – und sogar heilend sein können.

Neben den gärtnerischen und kreativen Aspekten, die dieses Buch für dich bereithält, werde ich dir zeigen, wie du die positiven Auswirkungen auf deine Psyche gezielt nutzen kannst. Du wirst mit mir einen wundervollen grünen Zufluchtsort gestalten, der deine Seele Stück für Stück stärkt.

Damit auch dein Garten zu einem blühenden Rückzugsort wird, braucht es gar nicht viel. Du brauchst mich lediglich ein Jahr lang zu begleiten und schon wird das Blühwunder wie kleine Sämlinge sowohl in dir selbst als auch in deinem grünen Herzensort aufgehen. Mit diesem Buch lege ich dir vier Samenkörner in deine Hand, die ohne viel Mühe wachsen und gedeihen werden:

GARTENWISSEN

Das erste Samenkorn macht dich fit in Sachen **Gartenwissen,** das ich dir in den Grundlagen und in den einzelnen Kapiteln so einfach wie möglich vermitteln werde. Dabei lege ich meinen Schwerpunkt auf Stauden und einjährige Sommerblumen, damit dein Garten oder deine Terrasse innerhalb eines Jahres zu einem wahren Blühwunder wird. Selbstverständlich gärtnere ich auf biologische und nachhaltige Art und Weise und behalte stets die sich verändernden klimatischen Bedingungen im Blick. So wird dein Garten trotz Wetterextremen Monat für Monat immer prächtiger werden und sich in eine blühende Oase verwandeln. In diesem Buch findest du die praktischen Aspekte des Gärtnerns immer am Anfang eines jeden Kapitels.

PFLANZPLAN

Das zweite Samenkorn lässt dich das vermittelte Gartenwissen schnell und einfach auf deinen Garten, deinen Balkon oder auf deine Terrasse übertragen. Wenn du dir nicht gleich zutraust, das Gelernte anzuwenden, findest du nach dem praktischen Teil vorgefertigte **Beetpläne und Topfideen,** die du in Nullkommanichts umsetzen kannst. Du brauchst nur den Anweisungen zu folgen und schon schreitet die Verschönerung deines grünen Ortes ohne große Planung voran. Zudem lassen sich die dargestellten Beetpläne auch auf einen Topfgarten übertragen und umgekehrt lassen sich die Topfideen in ein Beet verwandeln. Deshalb spielt es keine Rolle, ob du nur einen Balkon oder einen Garten hast.

Das nächste Samenkorn lässt deine Kreativität wachsen. Das ist die dritte Komponente, die dich und deinen Garten aufblühen lässt und deine Seele mit deinem persönlichen grünen Ort verbindet. Durch deine schöpferischen Ideen wächst der Garten und letztlich auch deine innere Stärke und kreative Ader. Wenn du flexibel mit den Problemen des Alltags umzugehen lernst, hast du irgendwann einen bunten Strauß an Möglichkeiten zur Hand, um schwere Zeiten gut zu meistern. Damit deine Kreativität im Jahresrhythmus wachsen kann, findest du kapitelweise **Do-it-Yourself-Projekte**, die du nutzen oder nach deinen eigenen Vorstellungen verändern und erweitern kannst. Sie lassen sich gut mit den Stauden und Einjährigen aus deinem Garten verwirklichen. Als Ergänzung brauchst du nur noch Material vom Floristen.

Das letzte Samenkorn widmet sich deiner Seele. Jeden Monat werde ich dir zeigen, dass dein Garten der perfekte Ort ist, um deine Psyche zu stärken und Kraft für den Alltag zu tanken. Dabei werde ich Prozesse, die du vielleicht schon ganz unbewusst im eigenen Garten nutzt, ans Licht bringen. Mit diesen Erkenntnissen kannst du dich jederzeit und wann immer du im Garten bist, stärken. Am Ende eines jeden Kapitels findest du hierzu hilfreiches Wissen, Tipps und Übungen. Schnell wirst du merken, dass dein innerer Garten ebenso blumig und üppig zu wachsen beginnt, wie dein grünes Refugium. So hast du nicht nur einen Herzensort vor deiner Haustür, sondern auch in dir selbst, den du überall hin mitnehmen kannst.

Nachdem nun die vier Samenkörner gepflanzt sind, werden wir sie wachsen lassen. Jeden Monat wirst du für alle vier Sämlinge passende Ideen und Tipps finden, damit du und dein Herzensort stetig gedeihen können. Vorher gibt es noch etwas Grundlagenwissen, das du mit bereits gesammelter Gartenerfahrung auch überspringen kannst.

Hier blühen: Akelei 'Maxistar', Bart-Iris 'Cliffs of Dover', Zierlauch 'Mount Everest', Prärielilie 'Alba'

# BLUMIGE GRUNDLAGEN

Los geht's mit den wichtigsten Grundlagen! Sie helfen dir, dein Blühwunder im Garten oder auf dem Balkon optimal zu starten, und sorgen dafür, dass du lange etwas von deinen Pflanzen hast.

In diesem Kapitel erkläre ich dir etwas über die Pflanzen, die in diesem Buch Verwendung finden. Du erfährst, was sie brauchen, um optimal wachsen zu können und gesund zu bleiben, und ich zeige dir, wie du sie vermehren kannst. Zudem geht es um Gartenwerkzeuge und um nachhaltiges Gärtnern. Themen, die es vor allem unerfahrenen gartenbegeisterten Menschen erleichtern sollen, sich schnell im Buch zurechtzufinden.

Hast du bereits Gartenerfahrung gesammelt, ist dieses Kapitel vermutlich nicht so wichtig für dich. Dann kannst du auch gleich mit deinem Aufblühen beginnen und im Monat Januar auf Seite 29 starten.

# OPULENTE PFLANZEN
## FÜR DIE SCHNELLE BLÜTENPRACHT

Dieses Buch möchte dir dabei helfen, deinen persönlichen Traum eines blütenreichen Gartens, einer blühenden Terrasse oder eines bunten Balkons Wirklichkeit werden zu lassen. Um diese Idee schnell realisieren zu können, beschränke ich mich auf eine kleine Auswahl von Pflanzen. Darunter sind Stauden, einjährige Sommerblumen sowie Zwiebelblumen und Knollenpflanzen. Damit du weißt, um welche Pflanzen es sich dabei handelt, erkläre ich dir kurz die wichtigsten Merkmale.

### STAUDEN

Stauden sind Pflanzen, die mehrere Jahre in deinem Garten überdauern, ohne dass du viel Arbeit mit ihnen hast. Sie sind winterhart und müssen nicht jährlich nachgepflanzt werden. Da sie nicht verholzen, sterben viele der Stauden im Herbst oberirdisch ab und hinterlassen sogenannte Staudenskelette. Diese sehen im Winter überhaucht mit Frost oder Schnee bezaubernd aus. Storchschnabel, Phlox oder Ehrenpreis sind Vertreter dieser Pflanzenart.

Es gibt aber auch Stauden, die wintergrün sind und ihr Laub in der kalten Jahreszeit behalten. Sie bringen Grün in den eher trostlos wirkenden winterlichen Garten. Hier sind besonders die Christrosen hervorzuheben, die nicht nur ihre Blätter behalten, sondern auch noch üppig blühen. Wenn du noch mehr über Stauden erfahren möchtest, wirst du auf Seite 42 fündig.

### MEINE DREI LIEBSTEN STAUDEN

AQUILEGIA CAERULEA 'KRISTALL'
Langspornige Akelei 'Kristall'
Besonderheit: große Blüte, blüht sehr reichhaltig, widerstandsfähig gegen Krankheiten

ECHINACEA PURPUREA 'ALBA'
Scheinsonnenhut 'Alba'
Besonderheit: lange Blüte, gut geeignet als Schnittblume

HOSTA 'SNAKE EYES'
Funkie 'Snake Eyes'
Besonderheit: wunderschöne Blattfärbung, Schattenpflanze

## EINJÄHRIGE SOMMERBLUMEN

Einjährige Pflanzen überleben, wie der Name schon sagt, nur ein Jahr. In dieser Zeit entwickeln sie sich vom Samenkorn über die blühende Pflanze bis hin zur Samenreife und sorgen so für Nachwuchs im nächsten Jahr. Manche dieser Einjährigen lassen ihre Saat noch im gleichen Jahr ihres Lebenszyklus aufgehen. Die jungen Pflänzchen schaffen es durch den Winter und wachsen dann im nächsten Jahr recht schnell zu einer blühenden Pflanze heran. Solche Einjährigen werden als Cool Flowers bezeichnet. Zu ihnen gehören beispielsweise Kornblumen, Wicken oder Feldrittersporn. Mehr Infos zu den Cool Flowers findest du auf Seite 126.

Im Gegensatz dazu gibt es Einjährige, die erst bei warmen Temperaturen keimen. Sie ertragen keinen Frost, da dieser ihren sicheren Tod bedeuten würde. Solche Sommerblumen kommen oft aus fernen Ländern und brauchen Wärme, um aufgehen oder wachsen zu können, wie beispielsweise die Zinnie oder das Schmuckkörbchen.

Spinnenblume 'Cherry Queen', Schmuckkörbchen 'Capriola', Schmuckkörbchen 'Reinheit', Löwenmäulchen 'The Rose', Schwarzes Brunnengras 'Lila Rubrum', Dahlie 'Dark Spirit', Wunderbaum

## MEINE DREI LIEBSTEN EINJÄHRIGEN SOMMERBLUMEN

**NIGELLA DAMASCENA 'ALBA'**
**Jungfer im Grünen 'Alba'**
Besonderheit: gute Selbstaussaat, als Schnittblume geeignet, dekorative Samenkapseln

**LATHYRUS ODORATUS 'CUPANI'**
**Duft-Wicke 'Cupani'**
Besonderheit: starker Duft, zweifarbige Blüte

**CONSOLIDA REGALIS 'QIS DARK BLUE'**
**Feldrittersporn 'QIS Dark Blue'**
Besonderheit: gefüllte Blüten auf festen Stängeln, als Schnitt- und Trockenblume geeignet

## KNOLLENPFLANZEN

Knollenpflanzen haben dicke, unter der Erde liegende Speicherorgane, aus denen sie austreiben. Viele der Knollenpflanzen sind nicht winterhart, wie Dahlien oder Begonien. Sie müssen über den Winter aus der Erde genommen werden.

Es gibt jedoch auch solche, die den Winter gut überstehen und jedes Jahr wieder neu austreiben, wie die frostharten Sorten der Alpenveilchen.

Balldahlie 'Sweet Fabienne'

## MEINE DREI LIEBSTEN KNOLLENPFLANZEN

DAHLIA 'CRÈME DE CASSIS'
**Dekorative Dahlie 'Crème de Cassis'**
Besonderheit: große Blüte, schönes Farbspiel, als Schnittblume geeignet

BEGONIA-HYBRIDE 'APFELBLÜTE'
**Wummi-Begonie 'Apfelblüte'**
Besonderheit: gefüllte Blüten, blüht reichhaltig im Schatten

CYCLAMEN COUM 'ALBUM'
**Frühlings-Alpenveilchen 'Album'**
Besonderheit: winterhart, blüht ab Februar

## ZWIEBELBLUMEN

Zwiebelblumen haben ähnlich den Knollenpflanzen unterirdische Speicherorgane in Form einer Zwiebel, aus der die Pflanzen austreiben. Viele der im Frühjahr blühenden Zwiebelblumen werden im Herbst gesetzt. Sie brauchen einen Kältereiz, damit sie im Frühjahr austreiben und üppig blühen können. Hierzu gehören beispielsweise Tulpen, Narzissen oder Hyazinthen.

Im Gegensatz dazu sind die meisten der im Sommer blühenden Zwiebeln nicht winterhart und werden deshalb erst Ende Mai in die Erde gebracht. Sie müssen im Herbst wieder ausgegraben und überwintert werden, wenn sie im nächsten Jahr wieder blühen sollen. Ein typischer Vertreter ist beispielsweise die Gladiole.

Hyazinthe 'Aiolos'

Mit diesen Pflanzentypen kannst du wunderbar und schnell Beete, Töpfe oder floristische Blumenarrangements kreieren. Damit wird dein Blütentraum und damit die Entstehung deiner Oase ein Kinderspiel.

## MEINE DREI LIEBSTEN ZWIEBELBLUMEN

**ALLIUM STIPITATUM 'MOUNT EVEREST'**
**Zierlauch 'Mount Everest'**
Besonderheit: große Blüten, Strukturpflanze, als Schnittblume geeignet, später Frühjahrsblüher

**CROCUS TOMMASINIANUS 'ROSEUS'**
**Dalmatiner Krokus 'Roseus'**
Besonderheit: verwildert mit der Zeit, früher Blüher

**CAMASSIA LEICHTLINII 'ALBA'**
**Prärielilie 'Alba'**
Besonderheit: vermehrt sich gut, bringt Leichtigkeit ins Beet, später Frühjahrsblüher

# DIE RICHTIGEN PFLANZEN
## FÜR DEINEN GARTEN

Die Art des Bodens, die Lichtverhältnisse und die vorherrschende Feuchtigkeit geben an, welche Pflanzen in deinem Garten gut wachsen können. Nur wenn die Ansprüche der jeweiligen Pflanze mit diesen Bedingungen übereinstimmen, wächst sie optimal. Gut ausgewählte Pflanzen, die perfekt zu den Bedingungen in deinem Garten passen, minimieren die Wahrscheinlichkeit einer Erkrankung oder eines Schädlingsbefalls und die Pflanzen werden zu pflegeleichten Bewohnern deines grünen Ortes. Deshalb solltest du diese Parameter immer vorab bestimmen und danach die passenden Pflanzen auswählen.

### DIE WICHTIGSTEN PARAMETER BEI DER AUSWAHL VON PFLANZEN

- **Lichtverhältnisse** (schattig, halbschattig, sonnig)
- **Bodenbeschaffenheit** (lehmig bis sandig)
- **pH-Wert** (sauer, neutral, alkalisch)
- **Bodenfeuchte** (feucht, frisch, trocken)

### DIE LICHTVERHÄLTNISSE BESTIMMEN

Die Lichtverhältnisse kannst du recht einfach bestimmen. Am besten beobachtest du den Ort, der bepflanzt werden soll, über den Tag hinweg. Ist das Beet den ganzen Tag oder mindestens sechs Stunden der Sonne ausgesetzt, spricht man von einem **Sonnenbeet**. Bekommt das Beet nur zeitweise die Sonne zu sehen, also in einem Zeitraum von sechs bis zwei Stunden, hast du ein **Halbschattenbeet**. Ein **Beet im Schatten oder lichten Schatten** bekommt keine oder zumindest weniger als zwei Stunden Sonne ab.

### DIE BODENBESCHAFFENHEIT BESTIMMEN

Um die Beschaffenheit deines Bodens zu bestimmen, nimmst du etwas Erde in eine Hand und drückst sie ganz fest zusammen. Beim Öffnen deiner Faust wirst du schnell erkennen, wie dein Boden beschaffen ist. Bleibt der Boden zusammengepresst in der Hand liegen, ist er eher **lehmig**. Fällt er komplett auseinander und rieselt dir durch die Finger, wird er als **sandig** bezeichnet. Dazwischen gibt es fließende Übergänge, die je nach Beschaffenheit eher einem lehmigen Boden oder eher einem sandigen Boden entsprechen.

#### TIPP

**In deinem Garten kann der Boden an unterschiedlichen Stellen auch unterschiedlich beschaffen sein. Deshalb solltest du dies vor der Neuanlage eines Beetes immer prüfen!**

## DEN PH-WERT DES BODENS BESTIMMEN

Den pH-Wert des Bodens bestimmst du am besten über einen Lackmus-Teststreifen, den du in der Apotheke oder in gut sortierten Gartenmärkten kaufen kannst. Nutze fertige Test-Sets, die einfach anzuwenden sind. So erfährst du ganz sicher, welchen pH-Wert dein Boden hat. Er kann von **sauer** über **neutral** bis hin zu **alkalisch** variieren und ist in der Regel im gesamten Garten ähnlich. Die meisten Pflanzen kommen in einem neutralen Boden gut zurecht, aber manche brauchen einen leicht sauren oder alkalischen Boden. Hast du im Garten einen Boden, der in die eine oder andere Richtung tendiert, solltest du dich auf Pflanzen der jeweiligen Kategorie konzentrieren.

### TIPP

**Beim Gärtner deines Vertrauens kannst du dich hierzu beraten lassen oder im Internet alle benötigten Informationen zusammentragen. Auf den Pflanzschildern im Verkauf findest du diese Angaben ebenso!**

## DIE BODENFEUCHTE BESTIMMEN

Wenn du die Bodenbeschaffenheit ermittelt hast, steht bereits ein erster Indikator für die Bodenfeuchte fest. Ein lehmiger Boden kann viel Wasser aufnehmen – und speichert es auch. Er ist meist **feucht**. Sandiger Boden lässt das Wasser schnell versickern und trocknet deshalb schnell aus. Er wird als **trocken** bezeichnet. Ist die Bodenbeschaffenheit zwischen einem lehmigen und sandigen Boden zu verorten, wird einerseits das Wasser gehalten, andererseits versickert es, wenn es zu viel wird. Dann ist die Rede von einem **frischen Boden**. Du kannst deinen Gartenboden auch über eine längere Zeit beobachten und durch Graben zu verschiedenen Zeiten herausfinden, wie viel Wasser im Boden ist. Zudem merkst du, wenn du die Erde zusammendrückst, ob Wasser heraustropft, ob sie sich nur feucht anfühlt oder trocken ist.

## DEN BODEN SINNVOLL VERBESSERN

Jede Bodenbeschaffenheit hat ihre Vor- und Nachteile. Lehm speichert zwar gut Wasser, aber das mögen trockenheitsliebende Pflanzen nicht gern. Zudem wird Lehm bei heißen und trockenen Sommern steinhart. Dies führt dazu, dass bei kurzen Regenschauern kein Wasser mehr aufgenommen werden kann. Pflanzen, die es feucht brauchen, drohen dann zu vertrocknen. Bei sandigen Böden ist es hingegen so gut wie immer trocken – kein Ort für Pflanzen, die viel Wasser brauchen. Zudem werden durch das schnelle Versickern von Regenwasser auch Nährstoffe weggeschwemmt.

Zwar gibt es für jeden Boden die passende Pflanze, trotzdem braucht es bei unseren klimatischen Veränderungen unter Umständen eine Anpassung der Bodenbeschaffenheit. Deshalb macht es Sinn, Böden, die extrem lehmig oder extrem sandig sind, vor der Anlage eines Beetes zu verbessern. Dazu benötigst du Kompost und Humus. Bei einem Lehmboden wird zusätzlich Sand oder feiner Splitt hinzugefügt, sodass das Wasser besser versickern kann. Bei Sandboden lässt sich neben dem Kompost Tonerde einarbeiten, die das Wasser besser hält.

### TIPP

**Bei Topfarrangements musst du ebenfalls darauf achten, ob die Erde und die ausgewählten Pflanzen zusammenpassen. Nur so gedeiht dein Topfgarten auf Balkon und Terrasse optimal.**

# NAHRUNG

## FÜR DAS BLÜTENPARADIES

In der freien Natur erhalten Pflanzen genügend Nährstoffe durch ihren natürlichen Lebenskreislauf. Wenn sie absterben und verrotten, wird der so entstehende biologische „Abfall" mit all seinen Nährstoffen zurück in die Erde geführt und düngt damit wieder andere Pflanzen. Diesem Beispiel solltest du auch in deinem Garten folgen und nur organischen Dünger verwenden. Dieser düngt die Pflanzen nicht direkt, sondern muss ähnlich den abgestorbenen Pflanzenteilen zuerst von den Bodenorganismen in Pflanzennahrung umgewandelt werden. So gärtnerst du nach dem Vorbild der Natur: biologisch, nachhaltig und damit zukunftsorientiert.

### TIPP

Beete werden in der Regel im März und Juli gedüngt. Das solltest du im Jahresverlauf im Auge behalten. Topfpflanzen brauchen einmal wöchentlich eine Düngergabe.

### NAHRUNG FÜR HUNGRIGE PFLANZEN

Jede Pflanze benötigt als Nährstoff drei wichtige Komponenten: **Stickstoff** (N), **Phosphor** (P) und **Kalium** (K). Daneben braucht sie in geringeren Mengen Magnesium, Eisen, Calcium und Schwefel. Alle Nährstoffe sind auf den Düngerpackungen in ihrer Konzentration angegeben.

**Stickstoff** unterstützt die Pflanze in ihrem Wachstum. Sie benötigt ihn zum Zellaufbau und für die Photosynthese. Wächst die Pflanze sehr langsam oder gar nicht und bekommt sie zudem helle Blätter, kann das ein Hinweis auf fehlenden Stickstoff sein. Wenn du organisch düngen möchtest, fügst du dem Boden Stickstoff in Form von Hornspänen zu.

**Phosphor** stellt der Pflanze Energie für den Stoffwechsel zur Verfügung und sorgt für die Blütenbildung. Entwickelt die Pflanze keine Blüten oder verfärben sich die Blätter rötlich, kann das ein Hinweis auf Phosphormangel sein. Phosphor kannst du deiner Pflanze zur Verfügung stellen, indem du im Frühjahr eine dicke Schicht Kompost auf die Beete bringst.

**Kalium** sorgt bei der Pflanze für deren Widerstandskraft und hilft ihr mit Krankheiten und Schädlingen zurechtzukommen. Besonders hilfreich ist Kalium für die Widerstandskraft bei Frost und Hitze. Bei einem Kaliummangel wölben sich Teile der Blätter nach oben und verfärben sich an den Rändern gelb. Schließlich fallen sie von unten herauf ab. Am leichtesten lässt sich Kalium über eine Löwenzahn- oder Beinwelljauche an die Pflanze bringen. Aber auch Kompost eignet sich hervorragend als Kaliumdünger.

## ORGANISCHER DÜNGER

Im Grunde genommen reichen guter Kompost (zwischen sechs und zwölf Monate gereift) und Hornspäne für eine gute Nährstoffversorgung aus. Du kannst auch im Fachhandel organischen Dünger in Form von Pulver oder Pellets kaufen und diesen auf deinen Beeten ausbringen. Hier sind Dünger aus Rinder- oder Pferdedung, Wurmhumus oder Pflanzenresten eine sinnvolle Alternative zu selbst hergestelltem Dünger. Auf jeden Fall solltest du deine Pflanze(n) nicht mit mehr Dünger versorgen, als auf den Verpackungen angegeben ist, sonst können sie Schaden nehmen.

### TOP-TIPPS ZUM RICHTIGEN UMGANG MIT DÜNGER

- Oft sind Gärten durch Unwissenheit überdüngt. Deshalb macht es Sinn, dass du vor der Anpflanzung oder auch in regelmäßigen Abständen eine Bodenanalyse durchführst. Schnelltests gibt es im Fachhandel. Eine genaue Analyse mit anschließenden Düngeempfehlungen bieten Labore auch für den Hobbybereich an.
- Stelle darüber hinaus durch Beobachten des Wachstums, der Blühmenge und der Blattfarbe fest, ob bestimmte Nährstoffe fehlen.
- Dünge möglichst nur mit organischem Dünger. Dieser stellt seine Nährstoffe nach und nach der Pflanze zur Verfügung und wäscht sich nicht so schnell aus der Erde aus wie anorganischer, also chemischer Dünger.
- Der ideale Termin für eine Düngung von Beeten ist das Frühjahr, wenn die Pflanzen zu wachsen beginnen. Das geschieht meist im März. Ab August, nach der Wachstumsphase, sollte nicht mehr gedüngt werden. Sonst wächst die Pflanze stetig weiter und den neu entstandenen, jungen Trieben drohen Frostschäden.
- Aufgrund der geringen Menge an Erde brauchen Topfpflanzen wöchentlich frische Nährstoffe. Hier bietet sich ein Flüssigdünger an, der mit dem Gießwasser zugeführt werden kann. Achte dabei auf die vorgeschriebene Dosierung und vermische Wasser und Dünger gut miteinander.
- Beachte beim Düngen stets den Nährstoffbedarf der einzelnen Pflanze. Die meisten Pflanzen aus dem Mittelmeerraum oder den Bergregionen sind karge Böden, in denen wenig Nährstoffe vorhanden sind, gewöhnt. Hier solltest du sparsam Spezialdünger einsetzen oder gar nicht düngen. Informiere dich deshalb immer vorab, wie die Pflanze gedüngt werden will.

Lavendel 'Hidcote Blue'

# SO BLEIBEN DEINE PFLANZEN GESUND

**Damit deine Pflanzen keine Krankheiten bekommen, resistent gegen Schädlinge bleiben und gut wachsen, braucht es ein Mindestmaß an Pflege. Hierzu gehören ausreichend Nährstoffe und ein bisschen Wellness. Wie du deine Pflanzen verwöhnst, zeige ich dir jetzt.**

## PFLANZEN STÄRKEN

Zusätzlich zum Düngen kannst du deine Pflanzen mit flüssigen Pflanzenstärkungsmitteln verwöhnen. Sie unterstützen die Pflanze in ihrer Widerstandskraft gegen Schädlinge und Krankheiten. Dazu musst du nur Pflanzenteile, z.B. von Brennnessel, Acker-Schachtelhalm oder Beinwell, klein schneiden und Wasser hinzugeben. Das Mischungsverhältnis zum Ansetzen der Stärkungsmittel beträgt ca. 1 Kilo Pflanzenteile auf 10 Liter Wasser.

### STÄRKUNGSMITTEL HERSTELLEN

| Art | Zubereitung | Dauer | Anwendung Stärkungsmittel:Wasser |
|---|---|---|---|
| **Stärkungstee** | Zerkleinerte Pflanzenteile werden mit heißem Wasser aufgebrüht und nach dem Abkühlen abgesiebt. | 1 Stunde | 1:0 Gießen<br>1:0 Sprühen |
| **Kaltwasserauszug** | Zerkleinerte Pflanzenteile werden in kaltes Wasser gelegt und danach abgesiebt. | 1 bis 3 Tage | 1:0 Gießen<br>1:1 Sprühen |
| **Brühe** | Zerkleinerte Pflanzenteile werden ein paar Tage in kaltes Wasser gelegt. Danach muss das Wasser sieden. Das Ganze wird nach dem Abkühlen abgesiebt. | 1 bis 3 Tage<br>+ 30 Min. sieden | 1:10 Gießen<br>1:20 Sprühen |
| **Jauche** | Zerkleinerte Pflanzenteile werden in kaltes Wasser gelegt und mehrere Tage zum Gären stehen gelassen. Danach wird es abgesiebt. | mindestens 10 Tage | 1:20 Gießen<br>1:50 Sprühen |

Nachdem die Stärkungsmittel fertig sind, kannst du sie zum Gießen verwenden oder über die Blätter sprühen. Besonders beim Sprühen musst du darauf achten, dass das Mischungsverhältnis von Stärkungsmittel und Wasser übereinstimmt, da sonst die Pflanzen Schaden nehmen können. Gesprüht und gegossen wird am besten in den frühen Morgen- oder den späten Abendstunden, wenn die Sonne nicht auf die Pflanzen scheint.

Welche Pflanzen sich besonders gut für die Wellnessbehandlungen deiner Blütenstars eignen und was sie bewirken, kannst du in der Tabelle nachlesen. Dort habe ich dir die wichtigsten Wellnesspflanzen zusammengefasst.

## TIPP

**Zur Vorbeugung gegen Pilzbefall kannst du die Blätter deiner Pflanze auch regelmäßig mit einem Cocktail aus Milch und Wasser im Mischungsverhältnis 1:8 besprühen.**

## WELLNESSPFLANZEN

| Pflanze | Einsatz |
|---|---|
| **Brennnessel** | Schädlingsbekämpfung, Düngung |
| **Acker-Schachtelhalm** | Schädlingsbekämpfung, gegen Pilzbefall |
| **Rainfarn** | Schädlingsbekämpfung, gegen Krankheiten |
| **Beinwell** | Düngung |
| **Zwiebel** | Schädlingsbekämpfung, gegen Pilzbefall, gegen Bakterien |
| **Knoblauch** | Schädlingsbekämpfung, gegen Pilzbefall, gegen Bakterien |
| **Schafgarbe** | Schädlingsbekämpfung |

Brennnessel

Acker-Schachtelhalm

# AUS EINS MACH
# ZWEI, DREI ODER VIER!

**Der günstigste Weg, deinen Garten mit vielen Pflanzen zu bestücken, ist das Vermehren auf eigene Faust. So wird dein Garten über wenige Jahre hinweg üppiger und schöner. Außerdem spart man auf diese Weise eine Unmenge an Geld und gärtnert nachhaltig!**

## GENERATIVE VERMEHRUNG

Die Methoden der Pflanzenvermehrung sind sehr vielfältig und können je nach Pflanze sehr unterschiedlich sein. Am bekanntesten ist die Vermehrung über Samen. Diese Methode wird als generative Pflanzenvermehrung bezeichnet. Dabei wird der Pollen (männliches Erbgut) auf die Samenanlage (weibliches Erbgut) gebracht und es entsteht ein Samen, der zu einer ähnlichen, aber nicht mehr identischen Pflanze führt. Dass sich der Nachkomme von den Eltern unterscheidet, bemerkt man nicht immer. Besonders deutlich wird dies bei den Akeleien, die sich wild miteinander kreuzen und dabei immer wieder neue spannende Blüten entstehen lassen.

Akelei-Hybride

## LICHT-, DUNKEL- UND KALTKEIMER

Bei der Vermehrung durch Samen musst du beachten, dass es sogenannte Licht- und Dunkelkeimer gibt. **Lichtkeimer** haben oft kleinere Samen und brauchen zum Keimen und Wachsen extrem viel Tageslicht. Damit diese Samen genug Licht bekommen, werden sie auf der Erde ausgesät und nur etwas festgedrückt. Sie werden also nicht mit Erde bedeckt! **Dunkelkeimer** haben eine Menge Energie in ihren Samen vorrätig und wachsen erst einmal ohne viel Licht. Deswegen werden Dunkelkeimer doppelt so tief in die Erde gesetzt, wie die Samen groß sind, und mit Erde bedeckt. Nach dem Keimen brauchen allerdings beide genug Licht, um gesund weiter wachsen zu können. Dafür solltest du sorgen!

**Kaltkeimer** brauchen einen Kältereiz, um keimen zu können. Deshalb sollte man sie im Herbst in den Garten oder in Töpfe säen. Diesen Kältereiz kann man auch künstlich erzeugen, indem man die Samen ein paar Tage in feuchter Erde in den Kühlschrank oder die Gefriertruhe stellt. So wird der Winter simuliert. Die Samen keimen erst, wenn der frostige Winter vorrüber ist und wieder wärmere Temperaturen zu verzeichnen sind. Deshalb werden die Samen nach der Kältebehandlung wieder warm gestellt.

Viele der Sommerblumen lassen sich auf diese Art und Weise heranziehen und bringen deinem Garten schnell und einfach das gewünschte Blütenmeer. Es gibt jedoch auch andere Arten der Vermehrung, die je nach Pflanze sogar mehr Sinn machen können.

## VEGETATIVE VERMEHRUNG

Bei der vegetativen Methode kannst du den Vorteil der Pflanzen nutzen, aus Pflanzenteilen heraus neu zu entstehen. Dabei entwickeln sich eine oder mehrere neue Pflanzen mit identischem Erbgut. Im Grunde genommen entsteht dabei ein Klon. Diese Art der Vermehrung wird gern bei Stauden, Gräsern, Sträuchern und Bäumen genutzt. Aber auch Sommerblumen, die in ihrer Heimat mehrjährig sind und bei uns nur aufgrund von Frost nicht überleben, kann man vegetativ vermehren. Die allseits beliebte Pelargonie ist ein gutes Beispiel hierfür.

Welche Teile am besten austreiben, ist je nach Pflanze verschieden. Nicht jede Pflanze entsteht aus allen Pflanzenteilen neu. Möglich ist die Vermehrung durch ein Blatt, einen Stängel, einen Ast oder eine Wurzel. Manche Pflanzen teilen sich sogar von selbst und produzieren Ableger. Sehr gut lässt sich die Fetthenne reproduzieren. Sie treibt aus Blatt und Stängel recht einfach wieder aus.

Meine Stauden vermehre ich gern vegetativ. Ich nutze vor allem die Teilung des Wurzelstocks, um mehr Pflanzen einer Sorte zu gewinnen. Damit du einen Überblick über die gängigsten Vermehrungsmethoden gewinnen kannst, habe ich sie dir in einer Tabelle zusammengetragen.

### DIE WICHTIGSTEN METHODEN ZUR PFLANZENVERMEHRUNG IM PRIVATGARTEN

| Methode | Ausführung | Idealer Zeitpunkt | Beispiele für Pflanzen |
|---|---|---|---|
| **Samen** | Abnahme der Samen nach der Samenreife und Aussaat. | März bis Juni, ggf. im Herbst | einjährige Sommerblumen, Cool Flowers |
| **Steckling** | Stängel oder Äste werden abgeschnitten und in Substrat neu bewurzelt. | Mai bis August | Buchs, Dahlie, Eibe, Fuchsie, Hortensie, Oleander, Pelargonie, Rosmarin, Salbei |
| **Absenker** | Lange Stängel und Äste werden so gebogen, dass sie teilweise unter der Erde eingegraben werden können. Dort bewurzelt dieser Teil neu und kann anschließend von der Pflanze abgetrennt werden. | Juni/Juli | Buchs, Hartriegel, Hortensie, Geißblatt, Glyzinie, Clematis |
| **Stockteilung** | Der Wurzelstock wird in der Mitte mittels einer Grabgabel oder eines Spatens geteilt und die Teilstücke jeweils wieder eingepflanzt. | Februar bis April, September bis November | Aster, Ehrenpreis, Frauenmantel, Funkie, Katzenminze, Kaukasusvergissmeinnicht, Phlox, Storchschnabel |
| **Rhizomteilung** | Das Rhizom wird so geteilt, dass beide neu entstandenen Teilstücke Triebe und Wurzeln haben. Diese werden wieder eingepflanzt. | nach der Blüte | Bambus, Bart-Iris, Canna, Curcuma, Dahlie, Ingwer, Seerose |

# WERTVOLLE UTENSILIEN

**Bevor du mit den Gartenarbeiten loslegst, solltest du dir gut überlegen, welche Werkzeuge du wirklich benötigst. Im Grunde genommen brauchst du gar keine große Ausrüstung. Meist hat man mehr zu Hause, als man wirklich nutzt.**

## WENIGER IST MEHR

Bei mir haben sich über Jahre hinweg einige Gartengeräte angesammelt, die im Keller verstaubt sind, bis ich sie irgendwann aussortiert und verschenkt habe. Ich habe die Erfahrung gemacht, dass Allrounder am besten geeignet sind. Damit meine ich Werkzeuge, die so einfach sind, dass man sie für die unterschiedlichsten Gartenarbeiten nutzen kann, wie beispielsweise ein einfacher Spaten. Gartengeräte für spezielle Anwendungen sind deshalb oft überflüssig. Zur besseren Orientierung habe ich dir zusammengestellt, was du zu Anfang wirklich benötigst. Alles Weitere ergibt sich mit der Zeit und dient der individuellen Ausstattung.

## NÜTZLICHE WERKZEUGE FÜR JEDEN GARTEN-NEULING

- ○ ein Spaten mit langem Griff
- ○ eine Grabgabel mit langem Griff
- ○ ein kleiner Spaten mit kurzem Griff
- ○ ein Sauzahn mit kurzem und/oder langem Griff
- ○ eine Rosen- und/oder Astschere
- ○ eine kleine Säge
- ○ ein Besen
- ○ ein kleiner Besen mit Schaufel
- ○ ein Eimer

Alle grundlegenden Gartenarbeiten können ohne Probleme mit diesen Werkzeugen ausgeführt werden. Allerdings empfehle ich dabei besonders auf die Qualität bzw. Verarbeitung der Geräte zu achten. Nur so hat man lange Freude daran.

### TIPP

Gartengeräte für spezielle Anwendungen werden nicht oft gebraucht und können deshalb gut von Gartenfreunden ausgeliehen werden.

# SO GÄRTNERST DU
# NACHHALTIG

**Der Begriff der Nachhaltigkeit wird sehr vielseitig verwendet und variiert in seiner Bedeutung. Deshalb möchte ich dir erklären, was ich darunter verstehe, denn ich versuche meinen Garten auf nachhaltige Weise zu bewirtschaften.**

## NACHHALTIGKEIT IM GARTEN

Der Grundgedanke der Nachhaltigkeit ist das Schonen unserer Ressourcen. Am besten soll nur verbraucht werden, was nachwachsen oder recycelt werden kann. Deshalb verwende ich zur Pflanzenpflege oder zum Düngen natürliche Wirkstoffe, oft sogar welche aus dem eigenen Garten. Komposterde und düngende Jauchen können ohne großen Einsatz von Kosten selbst produziert werden. Viel mehr braucht dein Garten in der Regel gar nicht.

Alles, was du nicht selbst produzieren kannst, sollte in der Anschaffung möglichst wenig Ressourcen verbrauchen und qualitativ so hochwertig sein, dass es lange genutzt werden kann. Ich versuche deshalb, bei Anschaffungen die Grundsätze „heimisch, biologisch und langlebig" im Blick zu haben. Dies ist eine weitere Möglichkeit, nachhaltig zu handeln.

## TIPPS FÜR NACHHALTIGES GÄRTNERN

1 Nutze Pflanzen, die in deiner Nähe angebaut werden oder die du selbst vorgezogen hast.

2 Kaufe möglichst nur Pflanzen, die biologisch gezüchtet werden.

3 Nutze keine chemischen Mittel im Garten.

4 Bekämpfe Krankheiten und Schädlingsbefall nur mit organischen Mitteln und beuge Krankheiten durch eine Pflanzenstärkung vor.

5 Nutze pflanzliche Abfälle zum Düngen und Vitalisieren deines Bodens (Kompostierung).

6 Nutze Pflanzenschnitt und Kompost zum Mulchen deiner Beete.

7 Dünge nur mit organischem Dünger.

8 Nutze Regenwasser zum Gießen.

9 Verbrauche möglichst wenig Wasser.

10 Verzichte auf Plastik oder recycele es.

11 Nutze hochwertige, langlebige Materialien und verwende sie so lange, bis sie nicht mehr weiter genutzt werden können.

12 Verwende torffreie Erde für deine Pflanzen.

# AUFBLÜHEN IM GARTENJAHR

Damit dein Garten zu deinem persönlichen Blumenparadies wird, hast du nun die wichtigsten Grundlagen gelernt. In den folgenden Kapiteln werde ich dich Schritt für Schritt anleiten, wann du welche Pflanzen aussäen oder pflanzen kannst, wann du sie düngen solltest, wie du die Beete gestalten kannst und wie du dir dein eigenes kreatives Gartenparadies schaffst. Im Folgenden soll es daher ganz praktisch um das Aufblühen deines Herzensortes, im Innen wie im Außen, gehen.

Winterling und gelbe Stängel-Primel

# Januar

**Der erste Monat des Jahres ist oft grau, nass und ungemütlich**. Kein Monat, den man gern im Garten verbringt. Dabei hat der Januar durchaus charmante Momente. Wenn er sich von seiner schönsten winterlichen Seite zeigt, hüllt er den Garten in ein glitzernd weißes Samtkleid. Besonders attraktiv wirken dann stehen gelassene Staudenskelette, die vom Winter geküsst kleine weiße Schneehäubchen tragen. Sie bringen Struktur in den ansonsten wenig gestaltungsreichen winterlichen Garten. Ist der Schnee wieder geschmolzen, spicken schon die ersten Schneeglöckchen aus der Erde und zeugen davon, dass sich der Blütenreichtum deines Gartens nach und nach steigern wird. Damit dir das gelingt, ist der Januar der richtige Monat, um erste Planungsideen zu entwickeln. Diese können ganz gemütlich im Warmen zu Hause beginnen.

**Deshalb darfst du es dir jetzt mit einer Tasse Tee und Kerzenschein gemütlich machen!**

## DAS IST IM JANUAR ZU TUN

- O Beet- und Topfbepflanzungen planen
- O nach geeigneten Samen und Pflanzen recherchieren
- O Samen und Pflanzen vorbestellen
- O Gartengeräte reinigen und pflegen
- O an frostfreien Tagen Gehölze pflanzen
- O Gehölze von der Schneelast befreien
- O Inspirationen aus den Medien sammeln

GARTEN WISSEN

## SCHRITT FÜR SCHRITT ZUM STAUDENBEET

Los geht es mit dem Kreieren deines Traumbeetes! Ich zeige dir, wie du ein perfektes Staudenbeet selbst planen kannst. Lass uns also in die Planungsphase gehen, denn der Januar ist der perfekte Monat für deine ersten blumigen Ideen.

### PLANUNG

Mit der richtigen Planung blüht das ganze Jahr über etwas in deinem Garten. Deshalb ist es wichtig, vorab ein genaues Bild deines Traumbeetes zu kreieren. Am leichtesten lässt sich das neue Beet auf einem Blatt Papier zusammenstellen. Dort lassen sich deine kreativen Gedanken immer wieder neu ordnen, bevor letztlich die Stauden ins Beet gepflanzt werden.

### ANLEITUNG

**1** Messe das zukünftige Beet ab und zeichne es maßstabsgetreu auf ein Blatt Papier.

**2** Die Pflanzen sollten nach ihrer Wuchshöhe gestaffelt sein, sodass die höchsten Pflanzen hinten stehen. Hierfür teilst du das Beet der Tiefe nach in mehrere Zonen ein (idealerweise ist jede mindestens 60 cm tief).

3 Im nächsten Schritt werden Pflanzorte in die verschiedenen Zonen gezeichnet, das heißt Bereiche, die mehrere Pflanzen einer Sorte beinhalten. Dabei darfst du viele geschwungene Formen entwerfen, die ein bisschen über die Zonen hinausschauen sollten. Damit umgehst du eine unnatürlich gerade Abgrenzung im Beet, die nicht schön aussehen würde.

4 Danach machst du Wiederholungen deiner Pflanzen kenntlich, denn innerhalb eines Pflanzbereichs soll sich jede Pflanze an mindestens drei Pflanzorten wiederfinden. Da du zu diesem Zeitpunkt noch nicht weißt, welche Pflanze du verwendest, vergibst du für jede einen Buchstaben. Jeden Buchstaben solltest du mindestens dreimal im Plan wiederfinden.

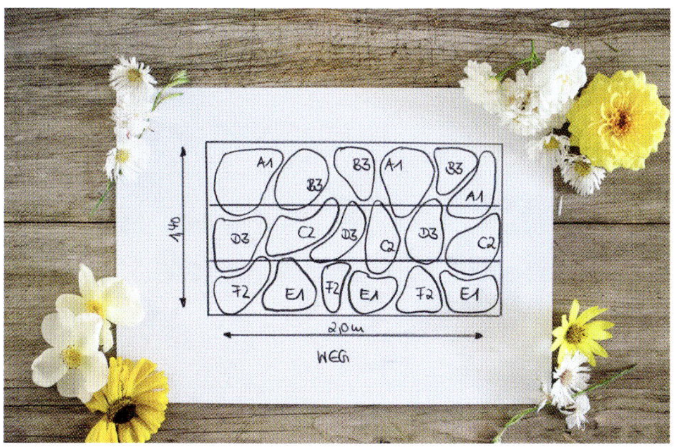

5 Dann musst du nur noch den Zeitpunkt der Blüte bestimmen. Hast du noch nicht allzu viel Gartenerfahrung gemacht, empfehle ich dir, die Buchstaben mit der Jahreszeit zu kennzeichnen, in der die Pflanze blühen soll (z.B. mit den Zahlen 1 für Frühjahr, 2 für Sommer usw.). Achte darauf, dass in jedem Pflanzbereich mindestens eine Pflanze pro Jahreszeit blüht.

## TIPP

**Bei Beeten, die von mehreren Seiten gesehen werden, sollte die Zone mit den höchsten Pflanzen ungefähr in der Mitte liegen.**

6 Zum Schluss kannst du dir ein Farbkonzept für dein Beet überlegen und mit farbigen Stiften die Pflanzbereiche entsprechend ausmalen. Fertig ist deine Beetplanung!

Da der Staudenverkauf frühestens Ende Februar startet, brauchst du dich erst im nächsten Monat um die Auswahl der Pflanzen zu kümmern. Greife auch gerne jeden Monat auf meine selbst kreierten, für dich vorgefertigten Beet- und Topfideen zurück.

## FARBHARMONIE IN BEETEN, TÖPFEN UND BLUMENARRANGEMENTS

Die farbliche Gestaltung deines Beetes, Kübels oder deiner floristischen Ideen lässt sich am besten mittels eines Farbkreises planen. Damit kannst du ganz schnell erkennen, welche Farben miteinander harmonieren. Auf dieser Grundlage findest du nun verschiedene Möglichkeiten zur Farbgestaltung.

### TIPP

Gerade in kleinen Bereichen ist es wichtig, ein harmonisches Gesamtbild vorzufinden. Dort sollte es möglichst nur ein Farbschema geben. Je größer der zu gestaltende Bereich, umso mehr Räume und damit mehr Farbthemen können gestaltet werden.

## KOMBINATION MIT KALTEN ODER WARMEN FARBEN

In einem Farbkreis finden sich auf der einen Seite die kalten und auf der anderen Seite die warmen Farben. Harmonisch wirkt eine Zusammenstellung, wenn du nur Farben aus dem warmen Bereich oder nur Farben aus dem kalten Bereich miteinander kombinierst. Im warmen Farbbereich können das beispielsweise Rot, Orange und Rosa sein. Eine tolle Kombination!

## KOMBINATION MIT KOMPLEMENTÄRFARBEN

Farben, die sich im Farbkreis gegenüberstehen, bezeichnet man als Komplementärfarben. Sie ergänzen sich wunderbar und bringen sich zudem gegenseitig zum Leuchten. Auch solche Farbarrangements werden als harmonisch wahrgenommen. Mir gefällt besonders die Kombination von Gelb und Violett. Sie wirkt erstaunlich frisch und modern.

## MONOCHROMATISCHE KOMBINATION

Du kannst die farbliche Gestaltung auf nur eine Farbe reduzieren. Jede Farbe hat so viele Nuancen, dass ein so gestaltetes Beet nicht nur harmonisch, sondern auch spannend aussehen kann. Ich mag weiße Gartenbeete unglaublich gern. Das Weiß fängt in der Nacht noch den kleinsten Lichtstrahl des Mondes ein und leuchtet deshalb auch in den dunklen Stunden.

## CHROMATISCHE KOMBINATION

„Bunt" hat durchaus seinen Reiz. Bunt ist jedoch nicht gleich bunt! Auch hier ist weniger mehr. Deshalb sollten nicht zu viele Farben miteinander kombiniert werden. Das wirkt meist zu unruhig. Entscheide dich für maximal fünf verschiedene Farben, die sich immer wiederholen. Verwendest du nur Pastellfarben, kannst du die ganze Farbpalette in deinem Arrangement verwenden.

PFLANZPLAN

## ZART LEUCHTENDES SONNENBEET

Die erste Beetidee verheißt dir ein wunderschönes Staudenbeet in Weiß, Gelb und Silber, das besonders in der Sonne oder in den späten Abendstunden den Garten erhellt.

**Standort:** Sonne

**Maße:** 6 × 2 m

**Boden:** humos bis sandig; frisch bis trocken

### TIPP

**Wenn du das Beet dramatischer gestalten möchtest, kannst du 20 Stück von dem großen weißen Zierlauch 'Mount Everest' in die hinteren zwei Drittel des Beetes pflanzen.**

## BEETPLAN

Die Blumenzwiebeln werden ausgeworfen und danach eingegraben.

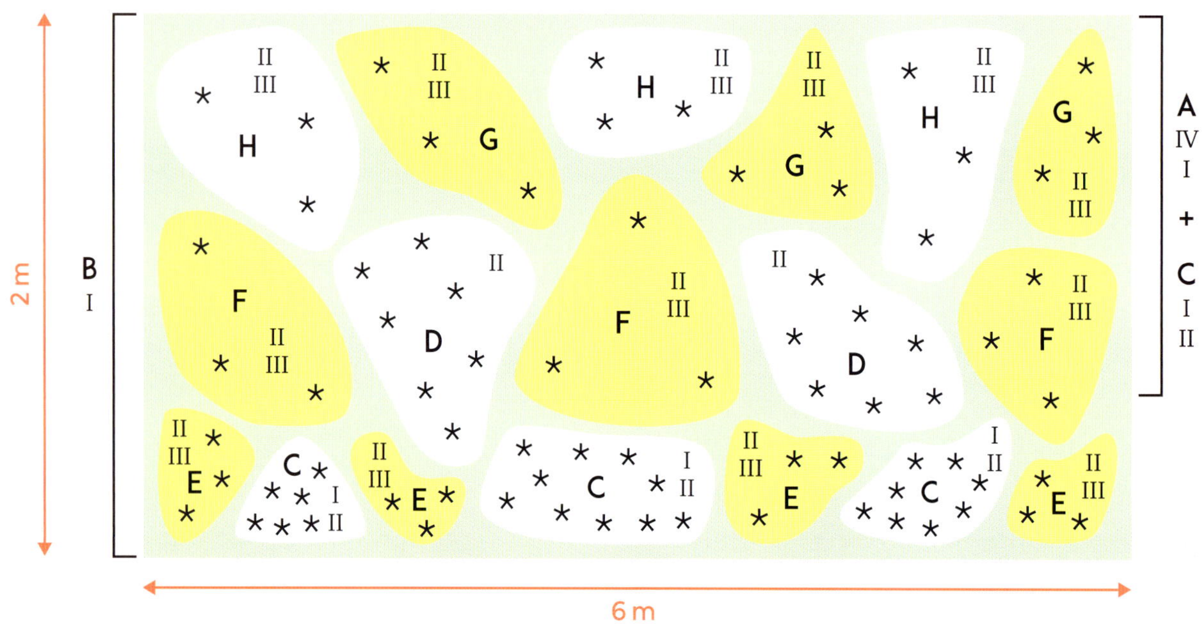


**Sterne**
Anzahl der Pflanzen

**Römische Zahlen**
**I:** Frühling
**II:** Sommer
**III:** Herbst
**IV:** Winter

A CROCUS CHRYSANTHUS 'CREAM BEAUTY'
Krokus 'Cream Beauty'
**Menge:** 300 Stück

B NARCISSUS PSEUDONARCISSUS 'CHEERFULNESS'
Narzisse 'Cheerfulness'
**Menge:** 100 Stück

C IRIS × BARBATA ELATIOR 'CLIFFS OF DOVER'
Bart-Iris 'Cliffs of Dover'
**Menge:** 24 Stück

D CENTRANTHUS RUBER 'ALBUS'
Spornblume 'Albus'
**Menge:** 14 Stück

E HELENIUM × CULTORUM 'EL DORADO'
Sonnenbraut 'El Dorado'
**Menge:** 12 Stück

F ARTEMISIA ABSINTHIUM 'LAMBROOK SILVER'
Zier-Wermut 'Lambrook Silver'
**Menge:** 9 Stück

G HELIANTHUS MICROCEPHALUS-HYBRIDE 'LEMON QUEEN'
Stauden-Sonnenblume 'Lemon Queen'
**Menge:** 9 Stück

H EUPATORIUM FISTULOSUM 'ALBUM'
Wasserdost 'Album'
**Menge:** 9 Stück

DO IT YOURSELF

## BUNTE GIRLANDEN FÜR GRAUE TAGE

Die triste Seite des Januars mit seinen grau-braunen Farben lädt nicht gerade zu einem Aufenthalt im Garten ein. Erst langsam schmückt er sich mit den ersten mutigen Schneeglöckchen und Winterlingen. Deshalb braucht es jetzt eine kleine Farbexplosion!

Aus diesem Grund ist die erste dekorative Inspiration des Jahres eine einfache bunte Girlande, die in einer Laube, unter einem Baum oder über einem Sitzplatz Freude in deinen Alltag bringt.

Das benötigst du:

**Material:** bunte Stoffreste, Juteschnur

**Werkzeug:** Stoffschere, Schere

Haltbarkeit:

Mindestens ein Jahr

### TIPP

Die Girlande sieht das ganze Jahr über attraktiv aus. Besonders zu Gartenfesten wirkt sie festlich und kann als Partyschmuck im ganzen Garten aufgehängt werden.

## SO GEHT'S:

1 Suche nach Stoffresten, die farblich zur Gestaltung deiner Frühblüher passen.

2 Schneide sie mit einer Stoffschere in Streifen.

3 Messe die benötigte Juteschnur aus, indem du am Bestimmungsort die spätere Länge bestimmst. Rechne immer ein paar Zentimeter hinzu, da die Enden aufgebunden werden und die Girlande leicht durchhängen soll.

4 Dann kannst du die Stoffstreifen im Abstand von 10 cm an die Juteschnur binden. Damit sie gut halten, mache immer einen Doppelknoten.

5 Die fertige Girlande kannst du nun mit den Enden am Bestimmungsort festbinden.

### TIPP

Sind die Temperaturen im Januar bereits mild und die Minusgrade nur knapp unter dem Gefrierpunkt, kannst du es wagen, deine Girlandendekoration mit ein paar Schneeglöckchen oder Winterlingen zu ergänzen.

2

3

4

5

## WIE DU DEINE GARTENLUST ERBLÜHEN LÄSST

Einen Garten zu planen oder neu zu gestalten kann richtig viel Freude bereiten. Damit dein Garten zu einem wahren Herzensort wird und nicht in Frust und Unmut endet, sollte alles möglichst pflegeleicht und mit angenehmen Arbeiten verbunden sein. Findest du nicht auch?

Krokus 'Cream Beauty'

## VON GARTENLUST ZU GARTENFRUST

Geht es dir manchmal auch so? Du gehst in den Garten und siehst, dass es Zeit wird für bestimmte Gartenarbeiten – möglicherweise sogar solche, die du gar nicht magst. Du machst dich an die Arbeit und deine Laune sinkt dabei buchstäblich in den Keller. Wut, Frust und Ungeduld nehmen immer mehr zu.

Manchmal kommt es sogar vor, dass du diese Arbeiten vor lauter negativer Gefühle erst gar nicht machen möchtest und sie immer weiter aufschiebst. Das hilft zwar im ersten Moment, macht auf Dauer aber keinen Sinn, da gerade unerledigte, aufgeschobene Aufgaben zwangsweise zu Frust führen. Insgesamt machen negative Gefühle bei einer dauerhaften Belastung krank. Deshalb ist es sinnvoll, sie bewusst wahrzunehmen und sie als Hinweisgeber für eine Veränderung in deinem Garten zu nutzen.

### Negative und positive Gefühle

Positive Gefühle wirken wie wahre Pflanzenmedizin und das sogar im eigentlichen Sinn. Sie machen uns ausgeglichener und können damit sogar direkt auf unser Immunsystem wirken. Besonders das im Garten entstehende Gefühl der Entspannung lässt unsere Herzfrequenz und den Blutdruck sinken. Deshalb solltest du deine negativen Gefühle nutzen und sie mithilfe von drei Schritten in ein positives Gartengefühl verwandeln.

## VOM NEGATIVEN GEFÜHL ZUR POSITIVEN LÖSUNG

1. Wenn du erkennst, dass sich bei deinem Aufenthalt im Garten negative Gefühle bemerkbar machen, versuche zu ergründen, um welche Gefühle es sich dabei handelt. Höre dazu in dich hinein.

2. Wenn du dir im Klaren bist, welches Gefühl in dir wächst, versuche herauszufinden, was genau das Gefühl ausgelöst hat. Welche Situation, welche Person oder welche Gedanken sind ausschlaggebend?

3. Nun kannst du ganz bewusst versuchen, eine Lösung zu finden, die das Gefühl kleiner macht oder ganz verschwinden lässt.

## Achtsamkeit für deine Gefühle

Manchmal fällt es uns schwer, Gefühle bewusst wahrzunehmen. Im Gartenalltag kann das innere Erleben auch schnell mal untergehen. Damit du deinen Emotionen wieder auf die Spur kommst, habe ich dir eine kleine Achtsamkeitsübung bereitgestellt. Sie hilft dir dabei, mehr auf deine Gefühle zu hören.

### KOPF-BAUCH-WAHRNEHMUNG

1. Gehe durch deinen Garten und nimm mit deinen Augen alles bewusst wahr. Was siehst du?
2. Dann setzt du dich einen Moment hin und schließt deine Augen. Richte deine Aufmerksamkeit auf deinen Bauch und atme dabei ganz ruhig ein und aus.
3. Nach ein paar Minuten öffnest du deine Augen wieder, bleibst aber mit der Aufmerksamkeit in deinem Bauch. Mit dieser Haltung gehst du erneut durch den Garten. Was siehst du nun?

## Geplante Gartenlust

Damit dein Garten viele positive Gefühle für dich bereithält, solltest du bereits im Vorfeld herausfinden, welche Arbeiten du gern magst und welche nicht. Versuche bei der Planung deines Gartens, möglichst nur solche Bereiche zu schaffen, die geliebte Gartentätigkeiten bereithalten, und reduziere Bereiche mit unangenehmen Arbeiten.

Ich habe beispielsweise keinen Rasen mehr, da mir das ständige Rasenmähen und Vertikutieren keinen Spaß gemacht und mich sogar eher in Stress versetzt hat. Ich liebe hingegen Staudenbeete mit ihrer vielfältigen Blütenfülle. Sie müssen nicht zeitlich getaktet geschnitten und gepflegt werden. Deshalb gibt es bei mir statt eines Rasens Staudenbeete in Hülle und Fülle. Mit diesen Überlegungen kannst auch du deinen Garten planen oder verändern.

### TIPP

Hast du Familienmitglieder oder Freunde mit Garten? Dort kannst du alle Gartenarbeiten ausprobieren und herausfinden, welche du gerne magst und welche nicht.

Elwes-Schneeglöckchen

Lenzrose 'Glenda's Gloss'

# Februar

**Einerseits schickt der Winter immer wieder Frost und Schnee durch den Garten, andererseits schenkt dir der Februar erste wärmere Sonnentage.** Jetzt küssen die noch sanften Sonnenstrahlen ein paar der Frühblüher wach. Schneeglöckchen, Primeln, Winterlinge, Lenzrosen und Frühlings-Alpenveilchen sind damit die ersten Farbkleckse im Garten. Einige der Stauden brechen nun durch den matschig-braunen Boden und strecken das erste zarte Grün in die Höhe. Wer regelmäßig und achtsam durch den Garten geht, entdeckt täglich neue Triebe und wunderschöne erste Blüten. Im Februar geht es auch mit der Gartenarbeit los! Vor allem Stauden müssen gehegt und gepflegt werden. Nur so schaffen sie es in den kommenden Monaten, in ihrer vollen Pracht zu blühen. Deshalb darfst du dich bereits in diesem Monat mit Gartenwerkzeug wappnen, um zur Tat zu schreiten!

## DAS IST IM FEBRUAR ZU TUN

- O Beete und Töpfe mit ersten frostfesten Frühblühern bestücken
- O nach geeigneten Samen und Pflanzen recherchieren
- O Samen und Pflanzen vorbestellen
- O Staudenskelette entfernen
- O an frostfreien Tagen Stauden teilen
- O an frostfreien Tagen Frühblüher pflanzen
- O Gehölze von der Schneelast befreien
- O Inspirationen aus den Medien sammeln

## LASS DIE STAUDEN ERBLÜHEN

Dieser Monat ist besonders für Stauden ein wichtiger Zeitpunkt im Gartenjahr. Von Ende Februar bis in den März hinein wird es Zeit, die stehen gelassenen Staudenskelette des letzten Jahres zu entfernen, Stauden zu teilen oder neu zu pflanzen.

### VORTEILE DES STAUDENSCHNITTS IM SPÄTWINTER

1 Nützlinge können in den Staudenskeletten überwintern und bereits im Frühjahr Schädlinge vertilgen.

2 Vögel haben durch die Sämereien der Stauden im Winter ein größeres Futterangebot.

3 Zum Schnittzeitpunkt im Spätwinter sind alle Stauden eingezogen und viele Frühblüher noch nicht erwacht. So kann das Beet besser betreten werden.

4 Die Motivation im Frühjahr ist größer als im Herbst, da man wieder Lust zum Gärtnern hat.

5 Staudenskelette bringen Struktur in die Winterbeete und sorgen für ein schönes Bild.

Scheinsonnenhut 'Rubinstern' und Wildform, Mannstreu 'Blaukappe'

### SCHNITT DER STAUDENSKELETTE

Im Februar schieben sich zwischen den verdorrten Stängeln der Stauden kleine grüne Blättchen empor. Sie treiben neu aus. Solange sich diese nah am Boden befinden, lassen sich die alten Pflanzenskelette einfach oberhalb des neuen Grüns abschneiden. Dabei ist der Spätwinter dem Herbst als Zeitpunkt zum Rückschnitt vorzuziehen.

### STAUDEN AUSWÄHLEN

Damit Stauden optimal wachsen und nicht zu Krankheiten neigen, müssen sie sorgfältig für den Bestimmungsort ausgewählt werden. Dazu solltest du unter anderem die Bodenbeschaffenheit und die vorherrschenden Lichtverhältnisse deines Beetes bestimmen. In den Grundlagen auf den Seiten 16 und 17 hast du bereits erfahren, wie du diese Parameter in Erfahrung bringen kannst.

Zudem hast du während der Beetplanung im Januar weitere Parameter kennengelernt, die für die Auswahl der Stauden wichtig sind: Wuchshöhe, Blütezeit und Blütenfarbe. Damit hast du für jede Staude alle benötigten Parameter zusammen. Mit diesen Informationen kannst du zur Gärtnerei deines Vertrauens gehen und passende Pflanzen auswählen.

## STAUDEN ERFOLGREICH PFLANZEN

Stauden zu pflanzen ist kein Hexenwerk. Es gibt jedoch ein paar Tricks, die dir dabei helfen, deine Schützlinge optimal wachsen und blühen zu lassen:

**1** Grabe ein Loch, das nur wenige Zentimeter tiefer und mindestens zwei Finger breiter ist als der Topf.

**2** Gib in das Pflanzloch frischen Kompost und Hornspäne, damit die Staude gut mit Nährstoffen versorgt ist. Für Stauden, die es karger mögen, reicht ein Gemisch aus Kompost und Sand aus.

**3** Tauche die Pflanze mitsamt dem Topf in ein Wasserbad, damit sich der Wurzelballen gut mit Wasser vollsaugen kann.

**4** Nimm die Pflanze aus dem Topf und reiße die Wurzeln an der Außenseite leicht an. Gieße in das Pflanzloch reichlich Wasser.

**5** Stelle den Wurzelballen in das Loch und fülle es mit Erde auf. Die Pflanze sollte dabei nicht tiefer oder höher stehen, als sie vorher im Topf gestanden hat.

**6** Gieße die Pflanze rundherum fest an.

## STAUDEN GESUND ERHALTEN UND TEILEN

Sind die Staudenskelette abgeschnitten und ist der Boden frostfrei, kannst du deine Stauden teilen. Das solltest du je nach Staude alle drei bis sechs Jahre machen. Bitte achte darauf, dass du im Frühjahr nur Stauden teilst, die im Sommer oder Herbst blühen. Im Frühjahr blühende Stauden werden erst im Herbst geteilt.

### GRÜNDE FÜR DIE STAUDENTEILUNG

**1** Die Staude nimmt immer mehr Platz im Beet ein und droht andere Stauden zu verdrängen.

**2** Die Staude ist überaltert, blüht weniger oder verkahlt in der Mitte.

**3** Du möchtest mehr Pflanzen einer Sorte erhalten.

Zum Teilen der Stauden stichst du mit der Schaufel rings um die Pflanze herum in den Boden und hebst sie vorsichtig heraus. Dann kannst du je nach Dichte des Wurzelwerks mit der Hand oder mit der Schaufel die Staude in zwei oder mehrere Teile trennen. Ein Paar der neuen Staudenteile kannst du zurück ins Beet setzen. Die restlichen Teile können in ein anderes Beet verpflanzt oder an deine Gartenfreunde verschenkt werden.

### TIPP

DIESE STAUDEN LASSEN SICH IM FRÜHJAHR GUT TEILEN: Chrysantheme, Ehrenpreis, Fetthenne, Flammenblume, Gold-Garbe, Herbst-Anemone, Funkie, Indianernessel, Katzenminze, Kugeldistel, Prachtspiere, Scheinsonnenhut, Raublattaster,Sonnenauge, Sonnenhut, Stauden-Sonnenblume, Steppen-Salbei, Sterndolde, Storchschnabel, Taglilie

PFLANZPLAN

## EIN KORB VOLLER BLÜTEN

Im Februar dürfen erste Blüten deinen Garten verschönern. Wie wäre es mit einem bepflanzten Korb, der den Frühling in den Garten bringt und bei extremen Frösten auch schnell wieder an einen geschützten Ort gestellt werden kann?

**Standort:** Sonne bis Halbschatten

**Boden:** humos; frisch

**Korbdurchmesser:** 40 cm

## TOPFPLAN

Das Moos wird in die Zwischenräume gelegt. Teile es dazu gegebenenfalls.

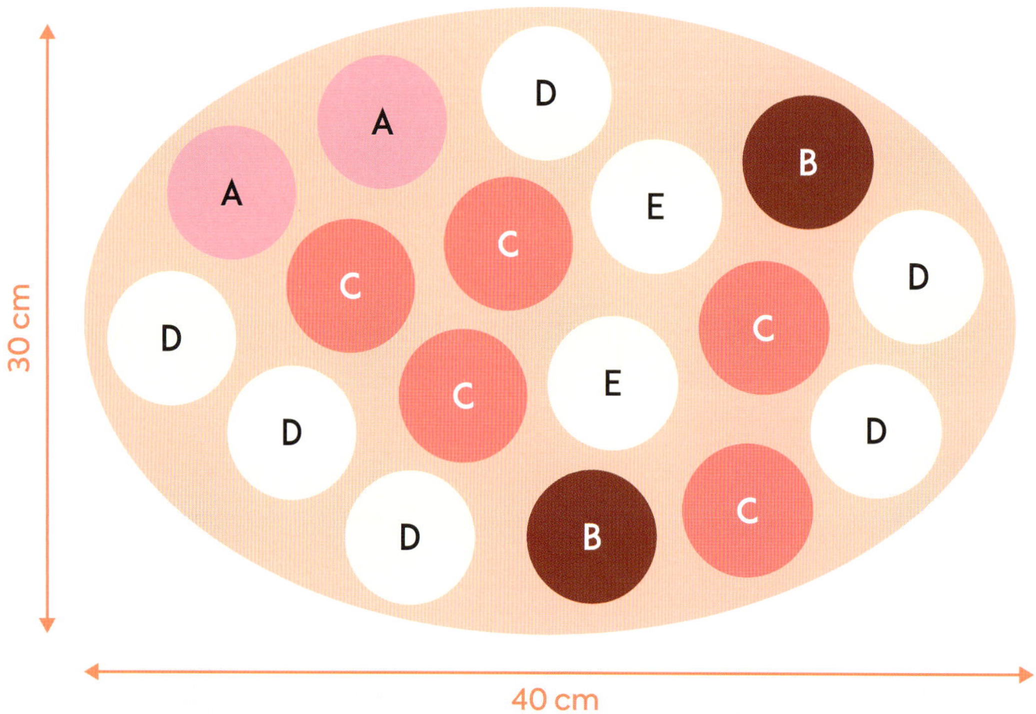

A PRIMULA ACAULIS 'EL UNISTAR APFELBLÜTE'
Kissenprimel 'El unistar Apfelblüte'
**Menge:** 2 Stück

B PRIMULA ACAULIS 'EL UNISTAR ROSA'
Kissenprimel 'El unistar rosa'
**Menge:** 2 Stück

C HYACINTHUS ORIENTALIS 'JAN BOS'
Hyazinthe 'Jan Bos'
**Menge:** 5 Stück

D CYCLAMEN COUM 'ALBUM'
Frühlings-Alpenveilchen 'Album'
**Menge:** 5 Stück

E HELLEBORUS NIGER 'PRAECOX'
Christrose 'Praecox'
**Menge:** 2 Stück

F LEUCOBRYUM GLAUCUM
Kugelmoos
**Menge:** 10 Stück

## TIPP

Alle Pflanzen kannst du nach dem Verblühen in deine Beete setzen. Sie kommen jedes Jahr wieder.

DO IT YOURSELF

## FRÜHLINGSKRANZ MIT LENZROSEN

Nachdem die ersten Frühblüher eingezogen und der Garten mit farbigen Girlanden geschmückt ist, kann die erste floristische Dekoration das Ensemble ergänzen. Jetzt ist deine Kreativität gefragt. Lass uns zusammen einen Frühlingskranz kreieren und die wundervollen Lenzrosen aus deinem Garten als besonderen Hingucker nutzen!

Das benötigst du:

**Material:** Metallring, Heu, Wachsblumen, Lenzrosen, Schleierkraut, Talinum, Bindedraht
**Werkzeug:** Gartenschere, Schere

Haltbarkeit:

Im kühlen Außenbereich zwei bis vier Tage. Danach müssen die Lenzrosen ausgetauscht werden.

## SO GEHT'S:

1 Bereite die Blüten vor, indem du sie in kleine Segmente schneidest.

2 Wickle den Bindedraht ein paarmal um den Metallring und fixiere ihn. An dieser Stelle startest du mit dem Binden.

3 Nimm ein paar der Pflanzenzuschnitte mit etwas Heu zusammen und lege sie mit dem Stiel in eine Richtung am Metallring entlang an. Im nächsten Schritt wickelst du den Draht so um den Ring, dass die Materialien mitgefasst und fixiert werden.

4 Dann nimmst du weitere Pflanzenteile, legst sie etwas unterhalb der bereits Gebundenen und wiederholst den Vorgang rund um den Kranz. Achte darauf, dass du gleichmäßig arbeitest und nichts mehr von dem Metallring zu sehen ist.

5 Kommst du beim Binden wieder an den Anfang zurück, musst du aufpassen, dass du die bereits gebundenen Blütenteile nicht noch einmal fixierst. Verknote nun noch den Draht auf der Rückseite und fertig ist der Kranz!

6 Stelle den Kranz auf ein Tablett. Damit hat er einen schönen Rahmen und kann problemlos auf dem Tisch arrangiert werden.

### TIPP

Solltest du keine Lenzrosen gepflanzt haben, kannst du auch andere Frühblüher in den Kranz integrieren. Nutze, was du im Freien findest oder besorge dir Material vom Floristen.

2

3

4

6

## ACHTSAMKEIT BEIM GÄRTNERN

Was wäre, wenn du nicht ständig daran denken müsstest, was heute noch im Garten zu erledigen ist? Wenn du trotz Arbeit gut zur Ruhe kommen könntest und eine tiefe innere Zufriedenheit empfinden würdest. Wäre das nicht schön?

Hyazinthe 'Jan Bos'

### BEI DER SACHE SEIN

Vielleicht passiert dir in deiner grünen Oase manchmal etwas, das du im Alltag nicht so häufig erlebst. Es geschieht meist bei ganz profanen Gartenarbeiten, wie dem Abschneiden verwelkter Blüten oder dem Jäten von Beikraut. Dann vergisst du völlig die Zeit und denkst nicht mehr an unerledigte Aufgaben oder deinen Terminplan. Du arbeitest einfach nur noch vor dich hin. Die Gedanken sind allein bei deiner Tätigkeit und du kommst geistig und körperlich zur Ruhe. Diesen Zustand nennt man Achtsamkeit. Hast du das auch schon erlebt?

### BESSERE STIMMUNG GEFÄLLIG?

Studien legen nahe, dass diese Art des achtsamen Umgangs mit sich selbst die Stimmung verbessern kann, zufriedener macht und dazu führt, dass Gefühle besser reguliert werden können. Im Januar hast du gelernt, achtsam mit dir und deinem Gefühl umzugehen und hast bereits eine erste Achtsamkeitsübung durchgeführt. In diesem Monat möchte ich dich dazu einladen, weitere achtsame Momente in deinen Gartenalltag zu integrieren, damit du zufriedener, gelassener und besser gelaunt durchs Leben gehen kannst.

### TIPP

Beobachte dich selbst bei der Gartenarbeit! Bei welchen Arbeiten vergisst du Zeit und Raum und bist nur im Hier und Jetzt? Versuche solche Momente zu finden. Sie eignen sich besonders gut für das achtsame Gärtnern.

## DU BIST ACHTSAM, WENN DU ...

1 ... hellwach den Moment erlebst.

2 ... deine Umwelt, deinen Körper und deine Gefühle klar wahrnimmst.

3 ... nicht abgelenkt bist von deinen Gedanken oder starken Gefühlen.

4 ... das Wahrgenommene nicht bewertest.

In unserem Alltag sind wir meist nicht achtsam und unsere Gedanken und Gefühle lenken uns durch den Tag. Genau das Gegenteil soll nun geübt werden: bewusst im Moment zu verharren und ihn mit allen Sinnen zu erfahren.

## TIPPS UND TRICKS FÜR ACHTSAME MOMENTE

Damit du in deinem Garten aktiv einen Moment der Achtsamkeit herbeiführen kannst, gibt es ein paar Tricks. Diese kannst du nutzen, um den Augenblick wirklich und wahrhaftig zu erleben.

- Beschreibe in Gedanken, was du gerade tust.
- Beschreibe in Gedanken, was du gerade siehst, riechst, hörst, schmeckst und spürst.
- Beschreibe in Gedanken, was gerade passiert.
- Beschreibe in Gedanken, was du fühlst.
- Spüre bewusst, was du über deine Sinne wahrnimmst.
- Spüre bewusst, was du fühlst.

Mit diesen Tipps gehst du nun in den Garten. Die ersten Gartenarbeiten des Jahres und die frisch aufgehenden Pflanzen lassen sich wunderbar dazu nutzen, Achtsamkeit zu üben. Auch über das Jahr hinweg wird dich dein Garten mit Möglichkeiten zur Achtsamkeit überschütten. So werde ich dich immer wieder zu kleinen Achtsamkeitsübungen einladen. Mach dir keine Sorgen, wenn sie dir nicht gleich gelingen und dich deine Gedanken und Gefühle übermannen. Das ist normal, denn Achtsamkeit braucht Übung. Mit der Zeit wird auch die Fähigkeit zum achtsamen Handeln ähnlich deiner Stauden wachsen und dein innerer Garten wird immer prächtiger gedeihen.

### TIPP

Welche Gartenarbeiten magst du gerne? Das kannst du herausfinden, indem du bei Freunden und Familie mitgärtnerst. Im Anschluß können solche Gartenarbeiten gut als Übung für achtsames Gärtnern in der eigenen Oase genutzt werden.

# GARTENARBEIT
## GANZ BEWUSST

Suche dir eine Gartenarbeit, die du gern machst. Vielleicht das Abschneiden der Stauden oder das Jäten der Beete. Versuche ganz bewusst, bei dem zu bleiben, was du gerade tust. Das schaffst du, indem du deine Arbeit („Jetzt ziehe ich an der Pflanze“, ...) oder die Dinge, die du mit deinen Sinnen dabei wahrnimmst („Die Erde riecht würzig“, „Die Erde fühlt sich feucht an“, ...), in Gedanken kommentierst. Nimm dein Handeln und Fühlen bewusst wahr! Bewerte dabei nichts!

Lenzrose 'Glenda's Gloss'

Verschiedene Lenzrosen-Hybriden

Schleifenblume

Frühlings-Alpenveilchen 'Album', Hyazinthe 'Jan Bos', Primel 'El unistar Apfelblüte'

Elfenkrokus

Anemone ‘Mr. Fokker’, Hornveilchen-Hybride

# März

**Im März erobert das Grün der Pflanzen den Garten**. Die Stauden beginnen nun, in die Höhe zu wachsen, und die Frühlingsblumen haben sich bereits mit ihrem grünen Blattwerk aus der Erde geschält. Der Garten riecht frisch und erste Blumendüfte steigen beim Umherwandern in die Nase. Auch das Auge findet mehr Gefallen an den schönen Blütenvariationen. Es blühen Hyazinthen, Krokusse, Kaiserkronen und Narzissen. Das Feuerwerk der Farben beginnt – vorausgesetzt, es wurden im Herbst eifrig Blumenzwiebeln gepflanzt. Manchmal braucht es eine gute Planung im Voraus, damit es im Garten wunderbar blüht. Deshalb ist der März ideal, um deine Sommerbepflanzung auf den Weg zu bringen.

**Jetzt werden Einjährige ausgesät!**

## DAS IST IM MÄRZ ZU TUN

- O frostempfindliche Einjährige auf der Fensterbank vorziehen
- O Cool Flowers direkt in den Garten säen
- O Staudenskelette entfernen
- O Stauden kaufen
- O Stauden pflanzen
- O Stauden teilen
- O (wurzelnackte) Rosen pflanzen
- O Mitte März Rosen schneiden
- O Beete mit Kompost mulchen
- O Beete organisch düngen
- O Töpfe frühlingshaft bepflanzen
- O Pflanzen in Töpfen regelmäßig düngen

GARTEN WISSEN

## BLÜTENMEER MIT EINJÄHRIGEN SOMMERBLUMEN

Üppige Blumenbeete, opulente Sträuße und zarte Blumenkränze. Alles hängt von einem gut geplanten Pflanzkonzept in deinem Garten ab. Mit den Stauden hast du bereits den ersten Schritt geschafft. Jetzt geht es um farbenfrohe einjährige Sommerblumen. Lass sie uns gemeinsam säen, pflegen und ernten!

Bienenfreund, Mauretanische Malve, Ringelblume

## AUSSAAT DER SOMMERBLUMEN

Sommerblumen sind schnell wachsende einjährige Pflanzen, die entweder direkt ins Beet gesät oder auf der Fensterbank vorgezogen werden. Gerade bei frostempfindlichen Einjährigen macht das Vorziehen Sinn. Sie dürfen erst Ende Mai ins Freie gesät werden und beginnen deshalb erst spät im Jahr zu blühen. Mit der Vorkultur auf der Fensterbank oder dem beheizten Gewächshaus hast du viel früher einen blütenreichen Garten und verlängerst die Blütezeit – bei der einen oder anderen Pflanze sogar um ein paar Wochen.

### Sommerblumen vorkultivieren

1. Befülle Anzuchtschalen mit keimfreier und nährstoffarmer Anzuchterde. Für Blumen, die später nicht mehr verpflanzt werden, befüllst du einzelne Töpfchen.
2. Streue die Samenkörner gut verteilt auf die Anzuchtschalen. In die Töpfchen gibst du jeweils einen Samen.
3. Bedecke die Samen (Dunkelkeimer) mit Anzuchterde. Die Schicht darf doppelt so hoch sein, wie die Samen groß sind. Bei Lichtkeimern streust du keine Erde darüber, sondern drückst die Samen nur gut an!
4. Befeuchte die Erde, am besten mit einer Sprühflasche. Sonst werden die an die Erde gedrückten Samen mit dem Wasserstrahl an die Ränder der Schale gespült. Achte darauf, dass überschüssiges Wasser abfließen kann.
5. Decke die Schalen mit durchsichtigen Hauben, einer Glasglocke, einer Tüte oder Klarsichtfolie ab. So bleibt die Feuchtigkeit in der Erde.
6. Halte die Erde stets feucht, vermeide Staunässe und lüfte dein kleines Anzuchthaus regelmäßig.

## Sommerblumen vereinzeln

Nachdem die Samen aufgegangen sind und bereits erste Blätter entwickelt haben, wird es Zeit, die Pflänzchen zu vereinzeln. Das nennt man auch pikieren. Die jungen Pflanzen müssen aus der Gemeinschaft in der Anzuchtschale herausgenommen werden, da sie sich sonst Nährstoffe, Wasser und Licht streitig machen. Lässt man sie in der Anzuchtschale, wachsen sie schlechter, entwickeln Krankheiten oder gehen sogar ganz ein.

1 Fülle Aussaaterde in ein Töpfchen und drücke sie leicht an. Mache anschließend mit einem Pikierstab ein Loch in die Erde.

2 Hebe nun mit dem Pikierstab eines der Pflänzchen aus der Anzuchtschale, indem du ihn vorsichtig in die Erde darunter schiebst und diese lockerst. Mit Zeigefinger und Daumen hältst du dabei das Pflänzchen an einem Blatt fest und ziehst es vorsichtig aus der gelockerten Erde heraus.

### TIPP

Auch Dahlien oder Begonien können im März auf der Fensterbank vorgezogen werden. Diese müssen mit ihren Knollen in größere Pflanztöpfe gepflanzt und warm und hell aufgestellt werden.

3 Führe nun die Wurzel des Pflänzchens mithilfe des Pikierstabs in das vorbereitete Loch deines Töpfchens. Es darf bis zum ersten Blätterpaar eingeführt werden, den sogenannten Keimblättern.

4 Drücke die Erde um das Pflänzchen leicht an, sodass die Wurzeln Bodenschluss bekommen.

5 Gieße das Pflänzchen vorsichtig an und halte die Erde feucht. Vermeide Staunässe!

6 Die Sommerblumen können nun etwas kühler gestellt werden. Bei einer Temperatur von 15 bis 18 Grad und ausreichend Licht wachsen sie nicht zu schnell und bilden einen stabilen Stängel aus.

## Sommerblumen pinzieren

Damit deine Sommerblumen buschiger werden und reichlich blühen, musst du sie pinzieren. Der richtige Zeitpunkt ist gekommen, wenn sich mehrere Blattpaare ausgebildet haben. Hast du sie im März ausgesät, ist das Ende April oder Anfang Mai der Fall.

### TIPP

DIESE PFLANZEN SOLLTEN PINZIERT WERDEN:
hohe Astern, Chrysanthemen, Dahlien, Löwenmäulchen, Pelargonien, Petunien, Schmuckkörbchen, einjährige Sonnenbraut, Wicken, Zinnien

1 Halte den Haupttrieb vorsichtig mit zwei Fingern fest und schneide diesen mit einer Schere oberhalb des zweiten Blattpaares ab.

2 Versorge deine Pflanzen weiterhin gut mit Wasser und beginne, sie einmal die Woche mit organischem Flüssigdünger zu gießen.

3 Aus den Achseln der verbleibenden Blattpaare wachsen nun neue Seitentriebe und die Pflanze wird buschiger. Damit bildet sie auch mehr Blüten aus und blüht unter Umständen sogar länger.

## Sommerblumen auspflanzen

Mit vielen neuen Seitentrieben werden die Setzlinge nach den Eisheiligen ins Beet gebracht. Achte darauf, dass sie nur so tief in die Erde gesetzt werden, wie sie vorher im Topf standen. Ins Pflanzloch solltest du organischen Dünger und Kompost einbringen und im Anschluss gut angießen.

## Direktsaat von Sommerblumen

1 Wähle einen geeigneten Standort aus. Das kann ein freies Beet oder eine Beetlücke im Staudenbeet sein. Auf jeden Fall braucht dieser Ort viel Sonne.

2 Bereite den Boden vor, indem du ihn an der Oberfläche auflockerst und Steine sowie Beikräuter entfernst.

3 Drücke auf dem freien Beet mit der Hand eine Saatrille in den Boden, in die du die Samen ausstreust. Bei einer Lücke im Beet streust du die Samen auf die freie Fläche.

4 Bedecke die Saat mit Erde und drücke sie leicht an. Bei Lichtkeimern darf keine Schicht Erde aufgebracht werden. Sie werden nur angedrückt. Dann gieße sie vorsichtig. Achte darauf, dass der Boden stets feucht bleibt. Die Samen dürfen nicht austrocknen.

5 Nimm nach der Keimung die zu eng beieinanderstehenden Keimlinge heraus. Diese können entsorgt oder an eine andere Stelle gepflanzt werden.

6 Gieße die Pflanzen regelmäßig und dünge sie zum ersten Mal, nachdem du sie pinziert hast.

## SELBST GEZOGENE BLUMEN ERNTEN

Bereits im März blühen zarte Schönheiten in deinem Garten: Lenzrosen, Schneeglöckchen, Primeln, Krokusse, Veilchen, Hyazinthen, Anemonen und viele mehr. Stell dir vor, du pflückst eine kleine Menge dieser wunderschönen zarten Blumen und bindest daraus einen bezaubernd üppigen Strauß oder attraktive Kränze. Damit verschönerst du deinen Garten, dein Haus oder machst deinen Lieben ein kleines Geschenk. Oft reicht es schon aus, ein paar zusammengestellte Blumen in einer Vase zu drapieren. Lass uns also das Jahr über immer wieder Blumen ernten. Die folgenden Punkte solltest du dabei beachten.

### BLUMENERNTE

1 Stelle einen Wasserbehälter bereit. Je nach Ausmaß der zu erntenden Blumen sollte das Gefäß entsprechend groß sein.

2 Schneide Blumen, wenn sie gerade am Aufblühen sind, sich also die Blütenblätter beginnen zu öffnen. Eine Ausnahme stellen Dahlien dar. Diese sollten bereits aufgeblüht sein.

3 Schneide Blumen immer am Morgen, wenn es noch kühl ist, nie in der Mittagshitze!

4 Trenne die Blüte mit dem Stängel mithilfe einer Blumenschere oder eines scharfen Messers ab und entferne alle Blätter im unteren Bereich. Stelle die Blume sofort in den Wasserbehälter.

5 Lass die im Wasser stehenden Blumen einige Zeit an einem luftigen, dunklen und kühlen Ort ruhen, bis du sie weiterverwendest.

6 Entferne vor dem Einsatz alle Blätter, die im Wasser stehen und schneide die Stängel noch einmal an.

7 Wenn du nicht zu viel Wasser in die Vase füllst, den Strauß möglichst kühl stellst und etwas Zucker hinzugibst, hält sich der Strauß etwas länger. Denke daran, regelmäßig das Wasser zu wechseln!

Dahlienstrauß

PFLANZPLAN

## EIN SCHNITTBLUMENBEET FÜR DEINE KREATIVEN IDEEN

Wenn du dir ein Schnittblumenbeet anlegst, hast du immer etwas Blühendes zur Hand! Deshalb zeige ich dir einen Beetplan für die Sommer- und Herbsternte, in der die Blüten harmonisch miteinander korrespondieren.

**Standort:** Sonne

**Maße:** 2 × 1,5 m

**Boden:** humos; frisch

### TIPP

Sobald Rittersporn oder Wilde Möhre verblüht sind, kannst du schnell wachsende einjährige Sommerblumen nachsäen oder vorgezogene Sommerblumen nachpflanzen.

## BEETPLAN

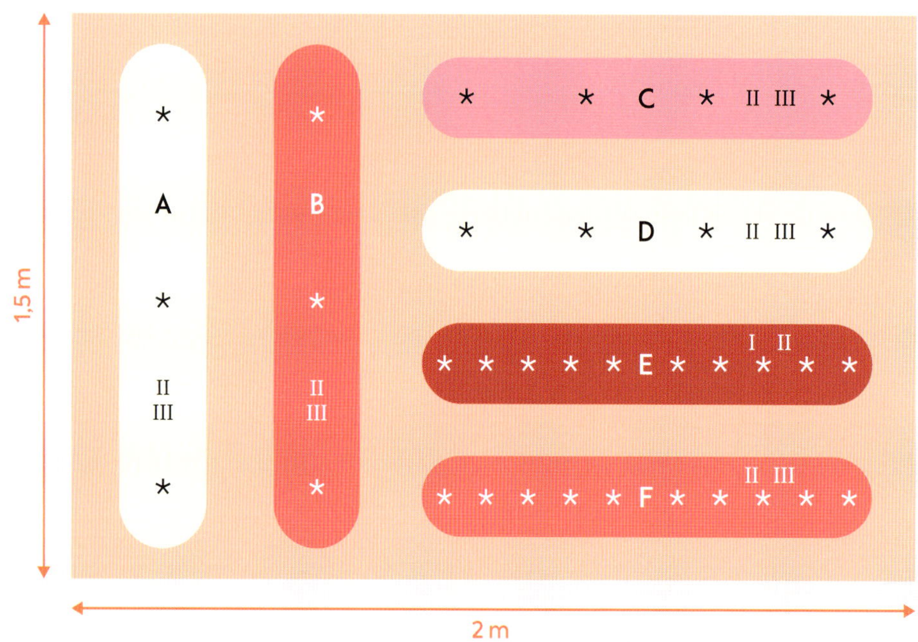


**Sterne**
Anzahl der Pflanzen

**Römische Zahlen**
**I:** Frühling
**II:** Sommer
**III:** Herbst
**IV:** Winter

A DAHLIA 'HENRIETTE'
Dahlie 'Henriette'
**Menge:** 3 Stück

B DAHLIA 'JOWEY FRAMBO'
Dahlie 'Jowey Frambo'
**Menge:** 3 Stück

C COSMOS BIPINNATUS 'DOUBLE CLICK ROSE BONBON'
Schmuckkörbchen 'Double Click Rose Bonbon'
**Menge:** 4 Stück

D COSMOS BIPINNATUS 'APRICOT LEMONADE'
Schmuckkörbchen 'Apricot Lemonade'
**Menge:** 4 Stück

E DAUCUS CAROTA 'DARA'
Wilde Möhre 'Dara'
**Menge:** 10 Stück

F CONSOLIDA REGALIS 'QIS SALMON BEAUTY'
Feldrittersporn 'QIS Salmon Beauty'
**Menge:** 10 Stück

## TIPP

Wenn du bei Dahlien, Schmuckkörbchen und Löwenmäulchen Verblühtes regelmäßig entfernst, bilden diese Pflanzen noch mehr Blüten aus!

DO IT YOURSELF

## ZWEIG MIT FRÜHLINGSSTRÄUẞCHEN

Für große, opulente Sträuße gibt der Garten im März noch nicht genug her. In diesem Monat braucht es eine Bühne für die kleinen, eher etwas unscheinbaren Schönheiten. Schneeglöckchen, Krokusse, Winterlinge und Traubenhyazinthen lassen sich nun im Garten finden. Wie diese in Szene gesetzt werden, zeige ich dir jetzt!

### Das benötigst du:

**Material:** Zweig mit Flechten oder Moos bewachsen, Frühblüher aus dem Garten, kleine Vasen mit Aufhängung, verschiedene Bänder, Draht
**Werkzeug:** Gartenschere, Schere

### Haltbarkeit:

Draußen, an einem geschützten Platz, halten sich die frischen Blumen mindestens eine Woche.

## SO GEHT'S:

1 Nutze einen festen Draht zur Aufhängung des Zweiges, indem du den Draht an zwei Enden fixierst. Dann hängst du ihn am Bestimmungsort auf.

2 Sammle Blüten von Frühblühern wie Schneeglöckchen, Lenzrose, Traubenhyazinthe oder Forsythie und versuche, die Stängel möglichst lang zu lassen. Denke daran, sie gleich ins Wasser zu stellen!

3 Dekoriere die Väschen mit zarten und feinen Bändern.

4 Befülle die kleinen Vasen mit Wasser und stelle nach Belieben deine gesammelten Frühblüher hinein.

5 Hänge die Väschen Stück für Stück in den Zweig.

6 Gestalte den Bereich, in dem die Väschen aufgehängt sind, attraktiv.

### TIPP

Du kannst die kleinen Vasen das ganze Jahr über neu bestücken. Sie sehen mit Rosen, Dahlien, Duft-Wicken und mit vielen anderen wunderschönen Blüten ganzjährig bezaubernd aus.

1

2

3

4

SELF CARE

## NEGATIVE GEDANKEN VERTREIBEN

Neigst du dazu, die Welt etwas pessimistisch zu sehen oder machst du dir oft Sorgen? Dann habe ich dir für diesen Monat blumige Gedankenstützen für eine positive und sorgenfreie Gartenzeit zusammengestellt.

### VON NEGATIVEN GEDANKEN BESTIMMT

Im Januar hast du gelernt, deine Gefühle bewusst wahrzunehmen und achtsam mit ihnen umzugehen. Es sind jedoch nicht nur Gefühle, die dein Wohlbefinden beeinflussen, sondern auch deine Gedanken. Manchmal können sie destruktiv sein und lösen damit negative Gefühle oder Stress aus.

Solche negativen Gedanken können blitzschnell – wie ein Dorn – in dein Bewusstsein schießen, wenn etwas Unangenehmes in deinem Garten passiert. Zum Beispiel wenn Schnecken deine gesamte Sommerblumenanzucht innerhalb einer Nacht vernichtet haben. Neben den negativen Gefühlen, die in so einer Situation aufkommen, bestimmen dich nun auch negative Gedanken.

Vielleicht kommen Gedanken auf, wie „Ich schaffe das nie mit der Vorkultur" oder „Immer passiert mir so etwas". Solche Gedanken sind schädlich, da sie unsere ohnehin schon schlechten Gefühle weiter fördern und nicht dagegenwirken. Sie verschleiern die Tatsache, dass es noch Zeit ist nachzusäen und dass es beim nächsten Mal durchaus klappen kann. So wird das schlechte Gefühl verstärkt und die Lösung rückt in weite Ferne. Man verharrt erst einmal im Pessimismus!

Prärielilie 'Caerulea', Anemone 'Mr. Fokker'

Es ist wissenschaftlich erwiesen, dass man den eigenen negativen Gedanken nicht hilflos ausgeliefert ist, sondern durch das bewusste Wahrnehmen und durch den Einsatz hilfreicher Gedanken gegensteuern kann. Das benötigt Übung und gelingt auch nicht gleich, aber mit der Zeit werden deine hilfreichen und blumigen Gedanken wachsen, wie dein schöner Blumenort.

#### TIPP

Du kannst dir schon im Vorfeld einen hilfreichen positiven Gedanken überlegen, den du in Situationen mit negativen Gedanken schnell parat hast. Entwickle deshalb für dich einen hilfreichen Gedanken und notiere ihn dir.

## HILFREICHE GEDANKEN GEGEN NEGATIVE GARTENGEFÜHLE

Damit du deine Gedanken besser steuern kannst, solltest du sie bewusst betrachten. Stelle dir dazu folgende Fragen:

- Hilft mir dieser Gedanke, mich besser zu fühlen und eine Lösung zu finden?
- Welcher neue hilfreiche Gedanke schafft es, dass ich mich besser fühle und eine Lösung finde?

Hilfreiche Gedanken lassen deine negativen Gefühle abklingen, machen dich aktiv und handlungsbereit. Sie beinhalten deshalb folgende Aspekte:

- Fokus auf Tatsachen (z.B. „Es ist ganz normal, dass es immer wieder zu Ausfällen kommt. Das gehört dazu!“)
- Fokus auf eigene Stärken (z.B. „Die Anzucht ist mir sehr gut gelungen, das schaffe ich wieder!“)
- Fokus auf Lösung (z.B. „Susi hat mir ihre übrigen Pflanzen angeboten, die hole ich mir gleich ab!“)

Hyazinthe 'Blue Jacket', Herbst-Alpenveilchen 'Album', Hornveilchen-Hybride

Goldlack ‘Bronze’, Hornveilchen-Hybride, Neuseeländischer Flachs ‘Purpureum’

# April

**Im April ist endlich wieder alles grün!** Die Bäume schlagen aus, Zwiebelblumen wie Tulpen, Narzissen und Hyazinthen stehen in voller Blüte und die Stauden schillern in satten Grüntönen aus den Beeten heraus. Auch die Temperaturen werden immer angenehmer, sodass das Arbeiten im Garten optimale Bedingungen findet. Nach den ersten warmen Regenschauern explodieren die Pflanzen förmlich. Wärme und Wasser sind nicht nur für die Pflanzen und Tiere unglaublich wichtig, sondern auch für deinen Körper und deine Seele. Deshalb ist der April der ideale Monat, um sich dem Thema „Wasser im Garten" zu widmen.

**Los geht's!**

## DAS IST IM APRIL ZU TUN

- frostempfindliche Einjährige auf der Fensterbank vorziehen
- Cool Flowers direkt in den Garten säen
- Sämlinge pikieren
- Sämlinge pinzieren
- Stauden kaufen
- Stauden pflanzen
- Stauden teilen
- Rosen pflanzen
- Miniteich anlegen
- Pflanzen in Töpfen regelmäßig düngen

GARTEN WISSEN

## RICHTIG GIEßEN

Die Sommer werden immer heißer und das Wasser wird von Jahr zu Jahr knapper. Deshalb solltest du dir gut überlegen, wann du deine Pflanzen gießt und wie viel Wasser du zuführst. Mit ein paar durchdachten Tricks lässt sich einiges an Wasser sparen.

Wummi-Begonie 'Apfelblüte'

## BEETE SINNVOLL GIEßEN

Da das Wasser immer knapper wird und zukünftig auf das Gießen in Hitzesommern verzichtet werden muss, sollten Blumenbeete nach Möglichkeit gar nicht mehr gegossen werden müssen. Das erreichst du, indem du möglichst nur hitzeverträgliche Pflanzen setzt. Das sind Pflanzen, die mit sandigen und nährstoffarmen Böden gut zurechtkommen. Bei extrem langer und schonungsloser Hitze kann es jedoch durchaus vorkommen, dass auch solche Pflanzen leiden. Deshalb solltest du gut auf deine Pflanzen achten. Sie zeigen dir, wann sie auf jeden Fall Wasser benötigen: Wenn am Morgen nach der Sonnenpause die Blätter immer noch hängen oder eingerollt sind, wird es Zeit.

## GIEßTIPPS FÜR BEETE

1. Gieße immer in den frühen Morgenstunden. So verdunstet wenig Wasser und die Pflanzen sind gestärkt für den Tag. Alternativ bietet sich der späte Abend an.
2. Wässere nur auf den Boden und nicht auf die Blätter, sonst kommt zu wenig Wasser bei den Wurzeln an.
3. Gieße nur, wenn es die Pflanzen anzeigen! So trainierst du sie für kommende Hitzewellen.
4. Gieße selten, aber durchdringend. Nicht nur die Oberfläche der Erde soll nass werden. Das Wasser soll gerade tiefer liegende Wurzeln erreichen.
5. Lockere vor dem Gießen die Erde oberflächlich etwas auf. So wird das Wasser besser in der Erde gehalten.
6. Mulche die Erde. So verhinderst du, dass das Wasser schnell verdunsten kann.

## TÖPFE SINNVOLL GIEßEN

Töpfe müssen bei Hitzewellen meist täglich gegossen werden. Damit du das Gießen etwas hinauszögern und Wasser sparen kannst, habe ich ein paar Tipps für dich.

### WASSERSPARTIPPS FÜR TÖPFE

1 Nutze möglichst nur Töpfe, die durch die Topfwand kein Wasser verdunsten lassen.

2 Verwende große Töpfe. Diese fassen mehr Wasser und es verdunstet nicht so schnell.

3 Stelle Töpfe in Gruppen auf, so beschatten sie sich gegenseitig.

4 Stelle Töpfe so auf, dass sie nicht den ganzen Tag in der prallen Sonne stehen.

5 Arbeite in die Erde wasserspeichernde Materialien wie Perlite oder Pflanzenkohle ein.

6 Verwende Untersetzer für deine Töpfe, damit das Wasser aufgefangen wird.

7 Grabe eine Olla in den Topf ein. Diese gibt das Wasser langsam und bedarfsgerecht an die Pflanzen ab.

### TIPP

Im ersten Jahr müssen die frisch gepflanzten Stauden im Beet weiterhin gegossen werden. Erst wenn sie gut angewachsen sind, brauchen viele kaum bis gar kein Gießwasser mehr.

Goldlack 'Bronze', Hornveilchen 'Orange', lila Hornveilchen-Hybride, Tulpe 'Prinses Irene'

## GRÜNES LEBEN FÜR DEN MINITEICH

Damit dein Miniteich ohne Umschweife zu einer grünen Oase wird, habe ich dir ein paar Pflanzen zusammengestellt, die du in dein Wasserbassin integrieren kannst. So kannst du ohne große Planung dein Wassererlebnis genießen!

**Standort:** Halbschatten

**Maße:** 100-Liter-Gefäß

## TEICHPLAN

C wird ins Wasser gelegt und schwimmt frei.

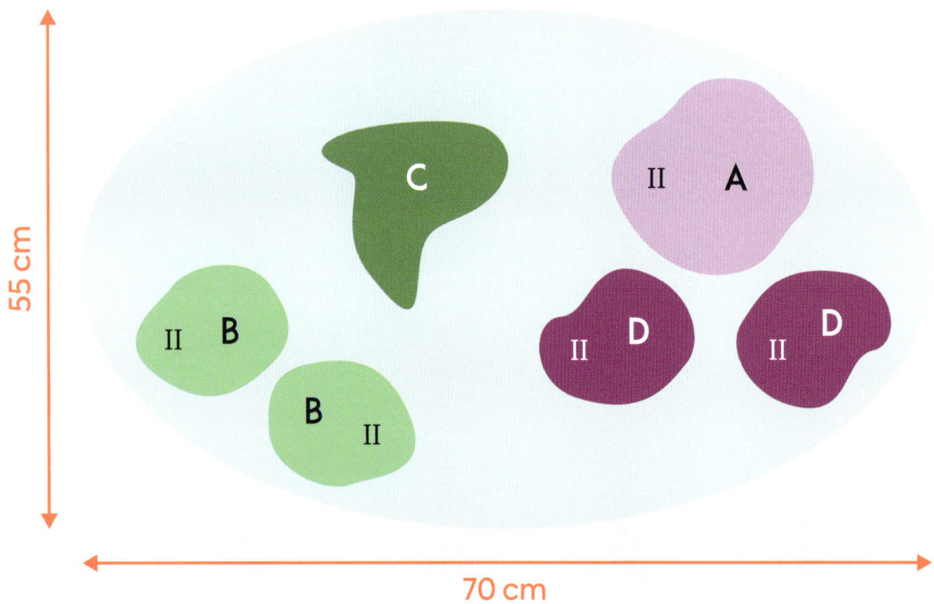


**Römische Zahlen**
**I:** Frühling
**II:** Sommer
**III:** Herbst
**IV:** Winter

A PONTEDERIA CORDATA
Herzblättriges Hechtkraut
**Menge:** 1 Stück

B ACORUS CALAMUS 'GRAMINEUS'
Weißgestreifter Kalmus 'Gramineus'
**Menge:** 2 Stück

C SALVINIA NATANS
Gewöhnlicher Schwimmfarn
**Menge:** mehrere

D GERANIUM PALUSTRE
Sumpf-Storchschnabel
**Menge:** 2 Stück

## EINEN MINITEICH ANLEGEN

**Das benötigst du:**
**Material:** wasserfester Behälter (80 bis 100 l Fassungsvermögen), Regenwasser (alternativ Leitungswasser), verschieden große Steine, Wasserpflanzen, Pflanzkörbe, Teicherde, Kies oder Splitt, dekorative Elemente
**Werkzeug:** Schlauch oder Gießkanne

**Haltbarkeit:**
Bis zu den ersten Frösten. Dann muss der Miniteich aufgelöst werden.

1 Stelle das wasserdichte Gefäß vor dem Befüllen bereits am Bestimmungsort auf, da es mit Wasser gefüllt zu schwer zum Versetzen sein wird. Ideal ist ein halbschattiger Ort.

2 Fülle das Gefäß zur Hälfte mit Wasser.

3 Schaffe unterschiedliche Wasserzonen für unterschiedliche Pflanzen, indem du verschieden hohe Steine in das Becken setzt.

4 Setze die Wasserpflanzen in Pflanzkörbe, befülle diese mit Teicherde und decke die Oberfläche mit feinem Kies ab. So wird die Erde nicht herausgeschwemmt.

5 Setze die Pflanzen in die ihr entsprechende Wasserzone (laut Etikett), also auf die integrierten Steine, und fülle den Miniteich vollständig mit Wasser auf.

6 Füge dekorative Elemente hinzu, wie ein Wasserspiel, Schwimmkerzen oder -kugeln oder schöne Blüten.

## SCHWIMMENDE OSTERNESTER

Wieso sollte Ostern vor deinem Miniteich haltmachen? Damit dein Miniteich für die blumige Osterzeit gewappnet ist, zeige ich dir, wie du schwimmende Osternester gestalten kannst. Dazu kannst du alles nutzen, was du im Garten findest. Deiner Kreativität sind keine Grenzen gesetzt.

Das benötigst du:

**Material:** schwimmendes Gefäß, Gänse- oder Hühnereier, Heu, Hyazinthen, Bindedraht

**Werkzeug:** Gartenschere, Schere

Haltbarkeit:

Bis auf die Blüten mehrere Wochen. Verblühtes muss regelmäßig ausgetauscht werden.

## SO GEHT'S:

1 Prüfe vorab, ob dein Gefäß schwimmen kann.

2 Forme anschließend aus Heu kleine Kränze, indem du sie mit einem feinen Bindedraht stetig umwickelst, bis eine Wurst entsteht. Dann kannst du die beiden Enden zu einem Ring zusammennehmen. Achte darauf, dass er in dein schwimmendes Gefäß passt!

3 Setze das kleine Heukränzchen in die Mitte des schwimmenden Gefäßes.

4 Setze je nach Größe deines Gefäßes ein Hühner- oder Gänseei in die Mitte des Kranzes. Im Garten solltest du es besser unbemalt lassen oder Farben verwenden, die nicht bei Regen abgewaschen werden.

5 Nun kannst du um das Ei Blumen drapieren und in den Kranz stecken. Dazu kannst du alles verwenden, was der Garten hergibt. Einzelne Blüten von Hyazinthen halten ein paar Tage und können mithilfe von Draht als kleines Kränzchen auch über das Ei gestülpt werden.

6 Setze deine schwimmenden Osternester vorsichtig in den Miniteich oder in eine Schale auf den Tisch. Achte darauf, dass sie nicht untergehen! Zur weiteren Dekoration kannst du noch ein paar Blüten, schwimmende Pflanzen oder Figuren direkt ins Wasser setzen.

2

4

5

6

## WASSER FÜR DIE SEELE

Zieht es dich im Urlaub auch ans Meer oder an einen großen See? Hat Wasser auf dich eine beruhigende und entspannende Wirkung? Dann spürst du, was Wissenschaftler mittlerweile bestätigt haben!

## LEBEN AM WASSER

Wasser hat einen großen Einfluss auf das Wohlbefinden. So fanden Forscher heraus, dass Menschen, die in der Nähe eines Gewässers leben, gesünder sind und sich wohler fühlen, als Menschen in Gegenden ohne Wasser. Die Zufriedenheit steigt deutlich und der Stresspegel wird reduziert.

Damit Wasser Einfluss auf deine Psyche nehmen kann, muss es über deine Sinne aufgenommen werden. Wasser muss man also hören, riechen, sehen oder spüren. So findet es über dein neuronales Netzwerk Zugang zu deinem inneren Erleben und wirkt sich schließlich auf Körper und Seele aus.

## WASSER SEHEN

Wasser über das Auge wahrzunehmen kann sich heilsam auf die eigene Psyche auswirken. Lange auf das Meer zu schauen kann eine entspannende Wirkung entfalten. Dein Blick wird dabei von der Weite oder einem vorbeifahrenden Schiff festgehalten und du betrachtest ganz achtsam, was geschieht – ein Effekt, den du bereits bei der Gartenarbeit kennengelernt hast. Auch die Monotonie der Bewegung eines Wasserspiels kann das Auge festhalten und entspannen. Darüber hinaus können die Farben des Wassers einen entspannenden Effekt auf deinen Körper und deine Seele haben. Jede Farbe wirkt direkt auf deine Gefühle und dein Wohlbefinden. Die Tabelle zeigt dir, was die Farben des Wassers bedeuten und welche Wirkung sie auf deine Gefühle haben können.

| Farbe | Bedeutung | Wirkung |
|---|---|---|
| Blau | Harmonie, Wohlbefinden, Vertrauen, Ehrlichkeit, Ruhe | macht zufrieden, regt die Kreativität und Leistungsfähigkeit an |
| Türkis | Stabilität, Kommunikation, Kreativität, Harmonie, Klarheit, Ruhe | schafft ein emotionales Gleichgewicht |
| Grün | Wachstum, Entfaltung, Harmonie, Stabilität, Fruchtbarkeit | macht glücklich, motiviert, ist ausgleichend und erholsam |

## WASSER HÖREN

Die Monotonie des Wassers kannst du auch hören! Stell dir das sanfte Plätschern eines Wasserspiels vor, das neben einer Bank in deinem Herzensort platziert ist. Du schließt die Augen und hörst einfach nur zu. Vielleicht merkst du, dass das Plätschern eine positive Wirkung auf deine Psyche entfaltet und du dich entspannst. Negative Gefühle können dann abklingen oder ganz verschwinden. So soll das Plätschern eine ähnliche Wirkung auf unser Gehirn haben wie eine Meditation. Wer hätte gedacht, dass Meditieren so einfach sein kann?

Zusätzlich spielen Erfahrungen eine wichtige Rolle. Wenn du das Rauschen des Meeres mit entspannten, ruhigen und glücklichen Situationen verbindest, kann dich das Rauschen oder Plätschern im Garten ebenfalls in diese Zustände zurückversetzen und zu einer Entspannung führen.

## WASSER FÜHLEN

Schwimmen bzw. das Berühren von Wasser kann ebenfalls zu einer Stressreduktion führen. Durch das Fühlen der Leichtigkeit im Wasser und dem Wasserdruck auf der Haut werden körpereigene Prozesse angeregt, die Katecholamine und Opioide freisetzen. Damit wird Stress reduziert und die Stimmung verbessert. Du brauchst hierzu noch nicht einmal einen Pool oder Schwimmteich im Garten. Ein Fußbad oder das Eintauchen von Händen und Armen in einen mit Wasser gefüllten Zuber reicht manchmal schon aus, um die positive Wirkung von Wasser herbeizuführen. Probiere es doch einfach mal aus und lass das Wasser auf all deine Sinne wirken!

Es gibt also genügend Gründe, Wasser in deiner lebendig grünen Oase zu integrieren. Wenn du genug Platz hast, bieten sich ein Teich oder sogar ein Schwimmteich an. Aber auch ein kleiner Miniteich kann auf deine Sinne wirken. Zudem brauchen deine nachhaltigen Schädlingsvertilger wie Vögel, Mäuse, Igel und Insekten ebenfalls Wasser, um in deinem grünen Refugium überleben zu können. Du solltest jedoch darauf achten, dass diese gut an das Wasser kommen und nicht darin ertrinken können.

# WASSER
## SPÜREN

Tauche deine Hände ins Wasser und schließe die Augen. Was fühlst du? Wie fühlt sich das Wasser an deinen Händen an? Ist es warm oder kalt? Welche Gefühle löst es aus? Wie wirkt es sich auf den restlichen Körper aus? Spüre in dich hinein und fühle das Wasser und deine Empfindungen.

Spornblume 'Coccineus', Mittelmeer-Wolfsmilch

# Mai

**Der Mai gehört zu den spannendsten Monaten im Gartenjahr.** Jetzt öffnen viele der Stauden ihre Blüten. Zudem ist der Frühlingsflor der Zwiebelblumen noch nicht vergangen. Der Garten befindet sich deshalb in einem Blütenrausch, wie es ihn höchstens noch Anfang Juni gibt. Ende des Monats werden die letzten Lücken zwischen den Stauden mit Sommerblumen geschlossen. So finden nach den Eisheiligen die Einjährigen ihren Platz in Beeten und Töpfen. Nun heißt es buddeln, was der Spaten hergibt, denn im Mai beendest du die Vorarbeiten für deinen Blütentraum in diesem Jahr. In den Folgemonaten geht es dann darum, die Pflanzen und deine Seele zu pflegen. Erst später im Jahr werden die Arbeiten für das nächste Gartenjahr begonnen.

**Deshalb darfst du in diesem Monat nach getaner Arbeit deinen Garten richtig genießen und dich an den wunderschönen Blüten erfreuen!**

## DAS IST IM MAI ZU TUN

- ○ frostempfindliche Einjährige direkt in den Garten säen
- ○ Sämlinge pikieren
- ○ Sämlinge pinzieren
- ○ nach den Eisheiligen frostempfindliche Pflanzen in den Garten setzen
- ○ nach den Eisheiligen Dahlien und Begonien in Beete und Töpfe pflanzen
- ○ den Chelsea-Chop bei bestimmten Stauden anwenden
- ○ Miniteich anlegen
- ○ Töpfe mit Sommerblumen bepflanzen
- ○ Pflanzen in Töpfen regelmäßig düngen
- ○ Pflanzen in Töpfen regelmäßig gießen
- ○ zur Vorbeugung von Krankheiten oder Schädlingen Pflanzenstärkungsmittel sprühen und gießen

GARTEN WISSEN

## SOMMERLICHER TOPFGARTEN

Die ausgepflanzten Sommerblumen und Sommerstauden wachsen nun in deinen Beeten. Allerdings blühen sie noch nicht. Damit der Sommer in schnellen Schritten Einzug hält, empfehle ich dir, einen Topfgarten anzulegen.

Goldlack 'Bronze', Neuseeländischer Flachs 'Purpureum', Tulpe 'Prinses Irene', Hornveilchen 'Orange', lila Hornveilchen-Hybride

## TOPFBEPFLANZUNG MIT SYSTEM

Es gibt zwei Arten von Topfgärten. Einen großen monofloralen Topfgarten, der eine hohe Anzahl an Töpfen umfasst und als Gestaltungsprinzip jeweils nur eine Pflanzensorte pro Topf enthält, und einen kleinen polyfloralen Topfgarten. Dieser wird mit maximal drei Töpfen gestaltet und vereint verschiedene Sorten an Pflanzen in einem Topf. Damit dein Topfgarten zu einem besonderen Hingucker wird, habe ich dir die wichtigsten Prinzipien zusammengefasst.

### TIPP

Für den sommerlichen Topfgarten verwendest du am besten blütenreiche Sommerblumen. Sie haben den Vorteil, dass sie bis in den Herbst hinein blühen und du lange Freude an deinem Topfarrangement hast. Du kannst zusätzlich auch Stauden, Gräser und Sträucher verwenden, die die Sommerblumen wunderbar komplettieren.

Zinnie 'Benary's Giant Scarlet', Buntnessel 'Kong Red', Neuseeländischer Flachs 'Purpureum', Zwerg-Dahlie 'Arnhem'

## Top-Tipps für einen monofloralen Topfgarten

Bei einem monofloralen Topfgarten wird nur eine Sorte an Pflanzen pro Gefäß getopft. Alle Töpfe werden dann so zusammengestellt, dass ein kleines Blumenbeet daraus entsteht. Damit dir das ganz einfach gelingt, habe ich dir die wichtigsten Grundprinzipien aufgeschrieben:

- Nutze unterschiedlich große Töpfe, maximal jedoch drei verschiedene Größen. Achte bei der Auswahl darauf, dass kleine Töpfe sehr schnell austrocknen, und verwende eher größere Töpfe.
- Du kannst auch Töpfe mit verschiedenen Materialien verwenden. Bleibe aber auch hier bei maximal drei Materialien.
- Setze nur eine Sorte Pflanze in einen Topf, befülle aber mindestens drei Töpfe mit dieser Pflanze. Achte darauf, dass du mehrere gleiche Pflanzen in einen Topf integrierst, damit er üppig bepflanzt ist.
- Überlege dir im Voraus ein stimmiges Farbkonzept und weiche bei keiner Pflanze davon ab.
- Achte darauf, dass du farblich passendes oder ergänzendes Blattwerk verwendest. Es gibt viele farbige Blattschmuckstauden.
- Stelle größere Töpfe in den Hintergrund und kleinere Töpfe in den Vordergrund.

Funkie 'Crispula', Funkie 'Dessert Mouse'

Buntnessel 'Kong Red'

Zinnie 'Benary's Giant Scarlet'

## Top-Tipps für einen polyfloralen Topfgarten

Der Unterschied zum bereits vorgestellten monofloralen Topfgarten besteht darin, dass in einen Topf mehrere unterschiedliche Pflanzen gesetzt werden. So findet sich das Wirkungsprinzip des großen Topfgartens, welches sich über viele Töpfe verteilt, vereint in einem Topf. Mit dieser Art der Bepflanzung kannst du Tischarrangements gestalten, Hauseingänge verschönern oder kleine Plätze aufwerten. Hier wird der einzelne Topf zu deinem Gartenhighlight.

Damit ein Topf mit mehreren unterschiedlichen Pflanzen nicht unordentlich aussieht, solltest du drei Pflanztypen nutzen: Leitpflanzen, Füllpflanzen und Hängepflanzen.

Zur Gestaltung des Topfes brauchst du je nach Größe ein bis drei besonders schöne, auffällige und große Pflanzen, die ein besonderer Hingucker sind und als Leitpflanzen dienen. Diese werden als Erste in das Arrangement gepflanzt. Dann werden umspielende Pflanzen um die Leitpflanzen drapiert. Diese dienen als Füllpflanzen und haben entweder kleinere Blüten oder wirken über ihr Blattwerk. Zum Schluss fügst du noch Hängepflanzen hinzu, die über den Topf hinausragen und eine Verbindung zur Außenwelt schaffen.

Diese Art der Topfbepflanzung ist ähnlich der Beetgestaltung gestaffelt aufgebaut. Sieht man das Arrangement nur von einer Seite, befindet sich der höchste Punkt im hinteren Teil des Topfes. Kann man den Topf von mehreren Seiten aus betrachten, sollte der höchste Punkt in der Mitte des Topfes liegen. Dann ist dein Arrangement auch gefällig für das Auge und alle Pflanzen können gut gesehen werden.

Zinnie 'Benary's Giant Scarlet', Buntnessel 'Kong Red', Neuseeländischer Flachs 'Purpureum', Zwerg-Dahlie 'Arnhem', Pfirsichsalbei 'Peach'

**Polyflorale Topfarrangements ergänzen**

Neben den Pflanzen kannst du auch Dekorationsmaterialien in deine Topfbepflanzung einbringen. Das Jahr über bieten sich Moos, Äste und Samenkapseln an. Sie sind lange haltbar und ergänzen deine Topfkreation auf nachhaltige Art und Weise. Im Herbst bieten sich vor allem Früchte und Beeren an. Ich nutze gern Kürbisse, Äpfel, Quitten und Hagebutten. Im Winter und zu Weihnachten kommen dann Tannenzapfen, Zweige und Nüsse zum Einsatz. Lasse dich einfach inspirieren und gestalte auch deinen Herzensort mit wunderschönen Topfarrangements!

### TIPP

SOMMERBLUMEN FÜR DEN SONNIGEN TOPFGARTEN: Dahlie, Elfenspiegel, Fächerblume, Kapkörbchen, Kapuzinerkresse, Löwenmäulchen, Malve, Margerite, Pelargonie, Petunie, Portulakröschen, Ringelblume, Schmucklilie, Schneeflockenblume, Sommerjasmin, Spanisches Gänseblümchen, Spinnenblume, Vanilleblume, Wandelröschen, Zauberglöckchen, Zauberschnee, Ziertabak, Zinnie

## VORTEILE EINES TOPFGARTENS

1 Verblühtes kann unkompliziert ausgemustert werden.

2 Alles kann jederzeit neu angeordnet werden.

3 Die Töpfe können problemlos durch den Garten wandern.

4 Es können Pflanzen oder Blütenfarben integriert werden, die ansonsten nicht in Beete passen.

5 Töpfe können saisonal bepflanzt werden.

6 Wenn etwas nicht gefällt, kann es weggestellt werden.

### TIPP

Stelle die Pflanzen, bevor du sie einpflanzt, einfach nur in den Topf. So kannst du sie noch hin und her bewegen, bis alles so aussieht, wie es dir gefällt.

Herbst-Alpenveilchen 'Perlenteppich', Knospenheide Gardengirls® 'Weiße Rita', weiße Herbst-Chrysantheme

PFLANZPLAN

## ROT SCHIMMERNDER TRAUM IM TOPF

Töpfe zu gestalten ist gar nicht schwer. Ich zeige dir, wie du mit denselben rotlaubigen und rot blühenden Pflanzen ein mono- oder polyflorales Topfarrangement gestalten kannst.

**Standort:**
Halbschatten bis sonnig

**Maße polyflorales Topfarrangement:**
zwei Töpfe mit ca. 70 cm Durchmesser

**Maße monoflorales Topfarrangement:**
verschiedene Gefäße mit Durchmessern von 25 bis 50 cm

## TOPFPLAN

**Polyflorales Topfarrangement**

**Sterne**
Anzahl der Pflanzen

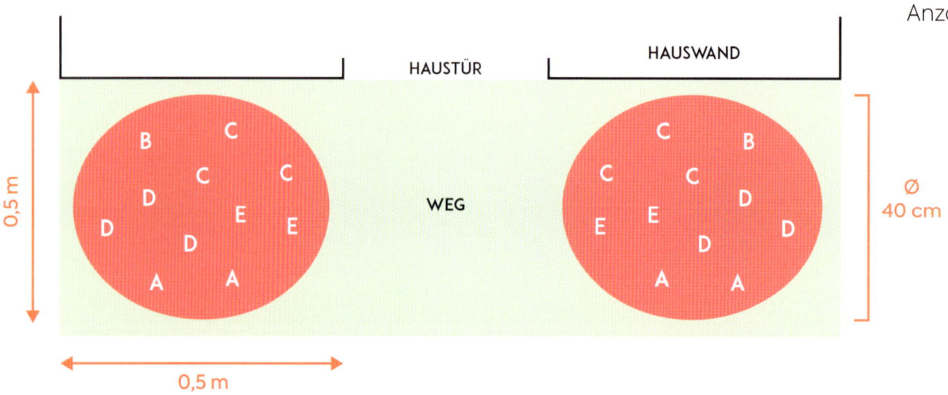


**Monoflorales Topfarrangement**

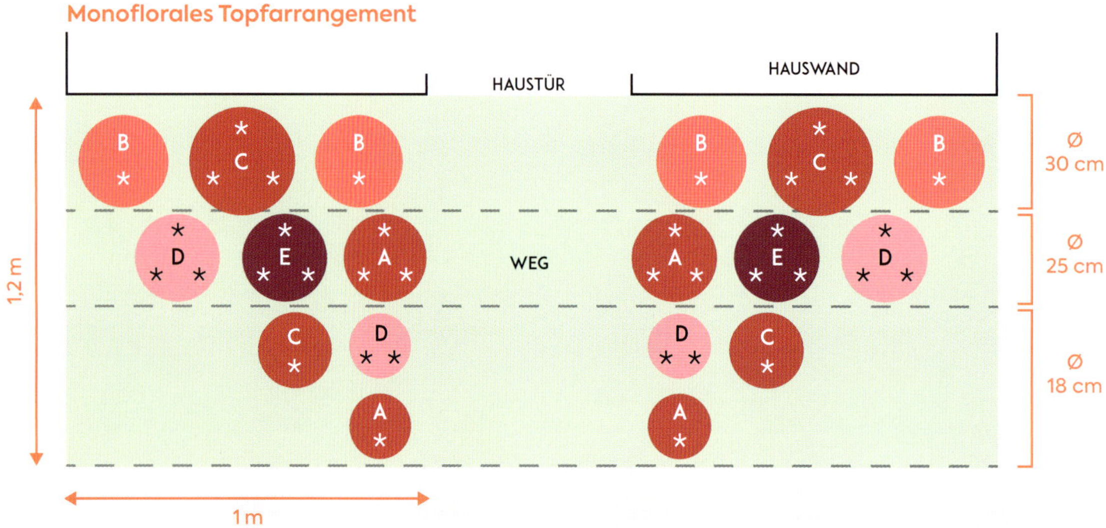

A **DAHLIA 'ARNHEM'**
Zwerg-Dahlie 'Arnhem'
**Menge monoflorales Topfarrangement:** 4 Stück
**Menge polyflorales Topfarrangement:** 4 Stück

D **SALVIA GREGGII 'PEACH'**
Pfirsichsalbei 'Peach'
**Menge monoflorales Topfarrangement:** 10 Stück
**Menge polyflorales Topfarrangement:** 6 Stück

B **PHORMIUM TENAX 'PURPUREUM'**
Neuseeländischer Flachs 'Purpureum'
**Menge monoflorales Topfarrangement:** 4 Stück
**Menge polyflorales Topfarrangement:** 2 Stück

E **SOLENOSTEMON SCUTELLARIOIDES 'KONG RED'**
Buntnessel 'Kong Red'
**Menge monoflorales Topfarrangement:** 6 Stück
**Menge polyflorales Topfarrangement:** 4 Stück

C **ZINNIA ELEGANS 'BENARY'S GIANT SCARLET'**
Zinnie 'Benary's Giant Scarlet'
**Menge monoflorales Topfarrangement:** 8 Stück
**Menge polyflorales Topfarrangement:** 6 Stück

Hierbei handelt es sich um ein sommerliches Topfarrangement mit frostempfindlichen Pflanzen, die erst Ende Juni nach den letzten Frösten in den Garten dürfen.

## TIPP

Mit buntfarbigem Blattwerk lassen sich eindrückliche Blumenarrangements, sowohl im Beet als auch im Topf oder als florales Kreativwerk, herstellen. Sie sind eine wunderbare Ergänzung zu Blüten und wirken über die Blühphase hinaus.

DO IT YOURSELF

## HOSTA „TO GO“

Die meisten meiner Deko-Ideen wie Kränze, Sträuße oder bepflanzte Töpfe kannst du in deiner Oase an verschiedenen Orten platzieren. So kannst du deinen Herzensort ohne großen Aufwand umgestalten oder neu anordnen. Auch den Schatten kannst du mit attraktiven Töpfen bestücken.

Das benötigst du:

**Material:** Tablett, kleine Töpfe in verschiedenen Größen, verschiedene Mini-Hostas (Funkien), bemooste Äste, Steine, Schneckenhäuser, Kerzenstecker, Kerzen, Pflanzerde
**Werkzeug:** Stoffschere, Schere

Haltbarkeit:
viele Jahre

Funkie 'Cookie Crumbs', Funkie 'Magical Mouse Ears'

## SO GEHT'S:

1 Pflanze deine Mini-Hostas in kleine Töpfe. Nutze hierzu torffreie Topferde.

2 Ordne die bepflanzten Töpfe auf einem Tablett an.

3 Drapiere Rindenstücke oder Äste um die Töpfe.

4 Füge dekorative Steine oder Schneckenhäuser hinzu.

5 Stecke die Kerzenhalterungen in die bepflanzten Töpfe und bestücke sie mit den Kerzen. Du kannst auch weitere dekorative Elemente wie kleine Vasen oder Figuren hinzufügen.

6 Stelle das Arrangement dorthin, wo du dich gerade aufhältst. Am besten mitten auf einen Tisch!

### TIPP

Mit klein bleibenden Sommerblumen wie dem Steinkraut oder der Ringelblume kannst du auch sonnige Bereiche mit einer „to-go"-Version aufhübschen.

## BLUMIGE GEDANKEN IN STRESSIGEN GARTENZEITEN

Im Mai ist im Garten einiges zu tun. Jetzt ist die große Zeit des Säens, Auspflanzens und Dekorierens. Alles wird schön gemacht. Damit du dabei nicht in zu großen Stress kommst, zeige ich dir, wie du einfach und schnell einen entspannten Zustand herbeiführen kannst.

## WENN DER GARTENSTRESS WURZELN SCHLÄGT

Gartenarbeit kann schnell zu einer Belastung werden. Besonders dann, wenn du viel zu tun hast oder Arbeiten anfallen, die du gar nicht magst. Das kommt vor und lässt sich leider nicht vermeiden. In diesem Fall können sich negative Gefühle und Stresssymptome, wie ein beschleunigter Herzschlag, schnelles und kurzes Atmen, Verspannungen, Schweißausbrüche, Zittern, Kopf- und Nackenschmerzen, Bluthochdruck und Verdauungsprobleme, bemerkbar machen.

## AUTOGENES TRAINING GEGEN GARTENSTRESS

Damit du in belastenden Situationen wieder aus dem Stress heraus in einen entspannten Zustand kommst, kannst du die Technik des „Autogenen Trainings" nutzen. Mithilfe von vier hilfreichen suggestiven Sätzen kannst du deinem Körper einen entspannten Zustand „einreden". Das Großartige ist, dass dein Körper nach etwas Übung auch wirklich glaubt, was du ihm vorgibst. Mithilfe deinen Gedanken steuerst du so deinen Körper in stressigen Situationen und versetzt ihn in einen entspannten Zustand.

Nelkenwurz 'Bell Bank'

## ANLEITUNG

- Setze dich auf einen bequemen Stuhl, lege die Hände auf deine Oberschenkel und bleibe mit den Fußsohlen auf dem Boden. Dein Rücken wird von der Lehne getragen. Du schließt die Augen und atmest drei Mal tief ein und aus.
- Dann sagst du dir in Gedanken drei Mal: „Ich bin ganz ruhig." Lasse dir dabei Zeit und mache Pausen zwischen den Sätzen. Versuche dabei, die Ruhe in deinem Körper zu spüren.
- Als Nächstes sagst du dir drei Mal in Gedanken: „Meine Arme und meine Beine sind ganz schwer." Lasse dir auch hier wieder Zeit und mache Pausen zwischen den Sätzen. Versuche, der Schwere in deinen Armen und Beinen nachzuspüren.
- Der nächste Satz, den du dir in Gedanken drei Mal sagst, lautet: „Meine Arme und meine Beine sind ganz warm." Lasse dir dabei wieder Zeit und mache Pausen zwischen den Sätzen. Versuche, die Wärme in deinen Armen und Beinen zu spüren.
- Als Letztes sagst du dir drei Mal: „Mein Atem ist ruhig und gleichmäßig." Lasse dir Zeit und mache Pausen. Spüre in deinen Atem hinein.
- Zum Schluss reckst und streckst du dich, öffnest deine Augen und stehst wieder auf. Bewege dich und schüttle deine Arme und Beine aus.

Mit diesen Autosuggestionen lässt du deine Muskeln entspannen, regst deine Durchblutung an und deine Atmung kommt wieder zur Ruhe. Das sind alles körperliche Anzeichen einer Entspannung. In diesem Zustand lassen sich die Gartenarbeiten wieder leichter und entspannter angehen.

Hier blühen: Akelei 'Maxistar', Bart-Iris 'Cliffs of Dover', Zierlauch 'Mount Everest', Prärielilie 'Alba'

# Juni

**Der Juni gehört zu meinen Lieblingsmonaten.** Der Garten ist grün und gefüllt mit einer unermesslich großen Anzahl an Frühlings- und Sommerblumen. Dort scheinen sich die Jahreszeiten Frühling und Sommer für eine kurze Zeit zu überschneiden. Die Üppigkeit der Blüten und des Grüns ist so groß wie das ganze Jahr noch nicht. Auch die wärmenden Sonnenstrahlen tun ihr Übriges und machen gute Laune. So lassen sich die Gartenarbeiten viel gelassener angehen.
Gelassenheit ist auch das Thema dieses Monats, denn jetzt kannst du erst einmal entspannen. Alle wichtigen Gartenarbeiten für deinen Blumentraum sind geschafft. Nun geht es um Pflanzen- und Seelen-Wellness. In diesem Monat kannst du deinen Pflanzen etwas Gutes tun, indem du sie mit geschickten Schnitttechniken noch schöner machst. Ganz achtsam schneiden heißt nun die Devise. Zudem lernst du, welche Farben dich in einen entspannten Zustand versetzen. Du kannst also dein erstes entspannendes Beet kreieren.

**Lass dich von deinem Garten in einen Zustand der Ruhe und Gelassenheit bringen!**

## DAS IST IM JUNI ZU TUN

- ○ frostempfindliche Einjährige pinzieren
- ○ Dahlien pinzieren
- ○ den Chelsea-Chop bei bestimmten Stauden anwenden
- ○ „Dead-Heading" – Verblühtes bei Sommerblumen entfernen
- ○ Pflanzen in Töpfen regelmäßig düngen
- ○ Pflanzen in Töpfen regelmäßig gießen
- ○ zur Vorbeugung von Krankheiten oder Schädlingen Pflanzenstärkungsmittel bei empfindlichen Pflanzen sprühen und gießen

GARTEN WISSEN

## TRICKS FÜR EINE PHÄNOMENALE BLÜTENFÜLLE

In den letzten Monaten hast du alle Blumen in die Erde gebracht, die dieses Jahr deinen Garten bereichern werden. Im Sommer geht es vor allem um deren Pflege. Damit du das Maximale aus deinen Pflanzen herausholen kannst, zeige ich dir ein paar wertvolle Schnitttechniken, die ich mir in Großbritannien abgeschaut habe.

Herbst-Chrysantheme 'Julia'

## CHELSEA-CHOP

Werden manche deiner Stauden zu hoch, fallen auseinander, blühen nicht lange genug oder vielleicht sogar zu früh? Dann kann Abhilfe geschaffen werden. Mit dem Chelsea-Chop hast du eine Schnitttechnik zur Hand, die sommer- und herbstblühende Stauden noch attraktiver werden lässt. Alles, was du tun musst, ist die Staude Ende Mai oder Anfang Juni um ein Drittel zu kürzen. Das ist je nach Ziel auf zwei verschiedene Arten möglich.

### Schnitttechniken des „Chelsea-Chop"

**1** Du nimmst die komplette Staude um ein Drittel zurück. Das führt zu einer buschigeren und kleineren Pflanze, die nicht so schnell auseinanderfallen kann. Die Blütezeit wird ein paar wenige Wochen nach hinten verlagert.

**2** Du nimmst nur die Hälfte der Triebe verteilt in der Pflanze zurück. Die Pflanze wird dadurch kompakter, wächst aber trotzdem gut in die Höhe. Die Blütezeit wird verlängert, da die unbeschnittenen Triebe zeitlich wie gewohnt blühen und die beschnittenen Triebe etwas später zur Blüte kommen.

Je nachdem welche der beiden Schnitttechniken du auswählst, hast du Einfluss auf die Höhe und Breite der Stauden, aber auch auf die Blütezeit. Du solltest jedoch darauf achten, nur Stauden zu schneiden, die tatsächlich im Sommer oder Herbst blühen.

### TIPP

DIESE STAUDEN FREUEN SICH ÜBER DEN CHELSEA-CHOP: Herbstaster, Dolden-Glockenblume, Scheinsonnenhut, Fetthenne, Indianernessel, Katzenminze, Raublatt- und Glattblattaster, Sommer-Phlox, Sonnenauge, Sonnenbraut, Sonnenhut, Stauden-Sonnenblume

Sterndolde 'Roma'

## SCHNEIDEN FÜR DIE ZWEITE BLÜTE

Bei manchen Stauden kannst du durch den sogenannten Remontierschnitt eine zweite Blüte anregen. Dabei wird die Staude nach dem Verblühen komplett, mit Blatt und Blüte, eine Handbreit über dem Boden abgeschnitten. Danach muss die Pflanze gut gegossen und mit Dünger versorgt werden. Nach ein paar Tagen bildet sich dann frisches neues Blattwerk und mit etwas Glück wenige Wochen später eine weitere Blütenwolke.

### TIPP

DIESE PFLANZEN KANNST DU MIT DEM REMONTIERSCHNITT ZUR ZWEITEN BLÜTE ANREGEN: Berg-Flockenblume, Dreimasterblume, Ehrenpreis, Feinstrahlaster, Frauenmantel, Glockenblume, Katzenminze, Kaukasusvergissmeinnicht, Kugeldistel, Rittersporn, Schafgarbe, Schleierkraut, Steppen-Salbei, Sterndolde

## VERBLÜHTES „KÖPFEN"

Auch die ersten frostempfindlichen einjährigen Sommerblumen kommen nun in die Blüte. Damit du bis in den Spätherbst hinein Freude an deinen Sommerblumen hast, musst du auch hier zur Schere greifen: „Dead-Heading" ist angesagt. So nennen die Briten das Abschneiden der verblühten Köpfe.

Hierzu solltest du den ganzen Sommer über das Verblühte aus Dahlie, Schmuckkörbchen, Zinnie und Co. herausschneiden. Das verhindert die Samenbildung deiner einjährigen Sommerblumen und damit den Fortpflanzungsauftrag der Pflanze. Damit sie diesem nachkommen kann, muss sie weitere Blüten produzieren, die du natürlich nach dem Verblühen wieder abschneidest. So bildet die Pflanze immer mehr und mehr Blüten.

### TIPP

Am besten schneidest du die Blüte an der darunter folgenden Verzweigung oder über einem Blattpaar ab. Dort bilden sich dann weitere Triebe mit noch mehr Blüten!

PFLANZPLAN

## KLEINE BLAUE RUNDE

Jetzt wird es Zeit, dein grünes Refugium als Entspannungsort zu nutzen. Wäre es da nicht gut, ein ganzes Inselbeet in der entspannenden Farbe Blau sein Eigen nennen zu können? Mit dem folgenden Beetplan ist es kinderleicht in deinen Garten integriert!

**Standort:** Sonne

**Maße:** 3m Durchmesser

**Boden:** humos bis sandig; frisch bis trocken

### TIPP

Diese Pflanzen wachsen bei mir auch auf lehmigem Boden. In diesem Fall solltest du jedoch vor der Anpflanzung Sand und Splitt in die Erde einarbeiten. Das schützt vor zu hoher Winternässe.

### BEETPLAN

Die Zwiebeln werden ausgeworfen und danach eingegraben.

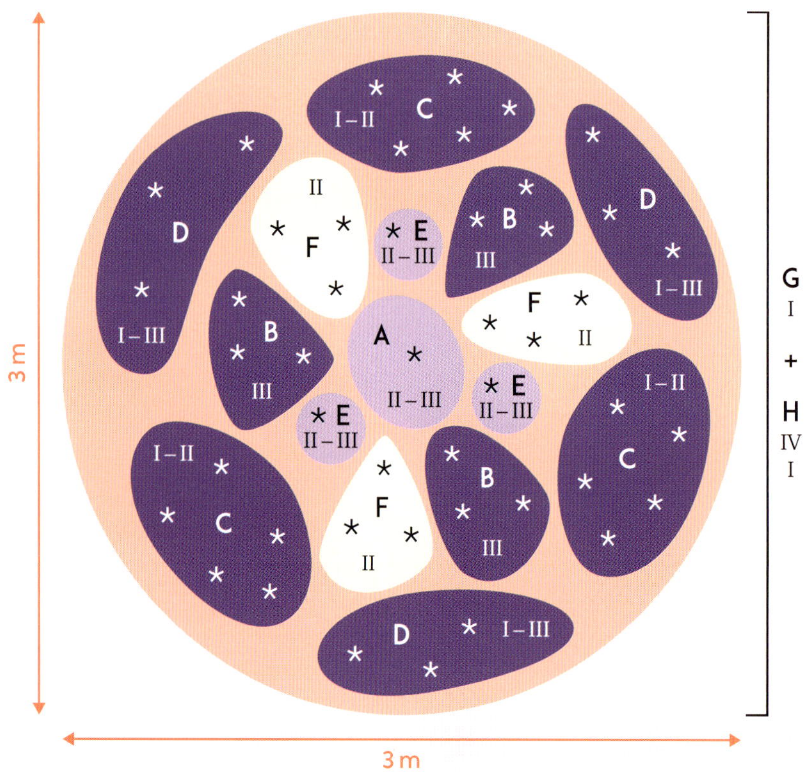


**Sterne**
Anzahl der Pflanzen

**Römische Zahlen**
**I:** Frühling
**II:** Sommer
**III:** Herbst
**IV:** Winter

A BUDDLEJA DAVIDII 'EMPIRE BLUE'
Sommerflieder 'Empire Blue'
**Menge:** 1 Stück

B ACONITUM CARMICHAELII 'ARENDSII'
Herbst-Eisenhut 'Arendsii'
**Menge:** 9 Stück

C IRIS BARBATA-ELATIOR 'HARBOR BLUE'
Hohe Bart-Iris 'Harbor Blue'
**Menge:** 15 Stück

D GERANIUM WALLICHIANUM 'ROZANNE'
Storchschnabel 'Rozanne'
**Menge:** 9 Stück

E PEROVSKIA ATRIPLICIFOLIA 'LITTLE SPIRE'
Blauraute 'Little Spire'
**Menge:** 3 Stück

F CENTRANTHUS RUBER 'ALBUS'
Spornblume 'Albus'
**Menge:** 9 Stück

G HYACINTHUS ORIENTALIS 'BLUE JACKET'
Hyazinthe 'Blue Jacket'
**Menge:** 50 Stück

H CROCUS VERNUS 'JEANNE D'ARC'
Krokus 'Jeanne d'Arc'
**Menge:** 200 Stück

DO IT YOURSELF

## LIEBLICHER MITTSOMMERBAUM

Am längsten Tag des Jahres feiert man in Skandinavien Mittsommer. Mittelpunkt des Festes ist ein Mittsommerbaum, um den herum gesungen, getanzt und gegessen wird. Wie wäre es mit einer eigenen Version für deinen Garten? Am besten gestaltest du ihn mit Blumen in Pastelltönen und viel Grün. So profitierst du nicht nur von der Schönheit deines Arrangements, sondern auch von der entspannenden Wirkung der Farben. Hierzu erfährst du ab Seite 96 mehr.

### Das benötigst du:

**Material:** langer Holzpfahl, graue Farbe, dicker Draht, einen Nagel, einen Steckring mit wasserundurchlässiger Unterseite, Kirschlorbeer, Efeu, Rosenblüten, Clematisranken, Schleierkraut, bunte Bänder

**Werkzeug:** Vorschlaghammer, Hammer, Pinsel, Blumenschere

### Haltbarkeit:

An einem schattigen Platz und bei regelmäßiger Wassergabe hält der Kranz eine Woche. Das Grundgerüst ist wiederverwertbar und kann regelmäßig neu bestückt werden.

## SO GEHT'S:

**1** Wähle einen geeigneten Holzpfahl aus, der auf der Unterseite angespitzt sein muss. Mit der Spitze voran kannst du ihn mit einem Vorschlaghammer in einem Beet oder im Rasen verankern.

**2** Streiche den Pfahl mit einer neutralen grauen Farbe an. Wenn die Farbe getrocknet ist, schlage einen dicken Nagel in die Mitte der Oberseite des Pfostens.

**3** Wässere den Steckring ausgiebig. Dann befestige das Grün an den Rändern des Steckrings und lasse möglichst viel davon herunterhängen. Das ergibt am Ende ein schönes Gesamtbild.

**4** Nach und nach steckst du weiteres Grün und deine Blüten hinzu, bis der Ring vollständig bestückt ist und nichts mehr von der Unterkonstruktion zu sehen ist.

**5** Bringe danach bunte Bänder an deinem Kranz und am Pfosten an. Sie sollen schön herunterhängen und das Arrangement umschließen.

**6** Zum Schluss wird mithilfe von Draht der Kranz an dem Nagel auf der Oberseite befestigt. Der Steckring soll frei an dem Pfosten baumeln.

### TIPP

Du kannst auch andere Blüten verwenden, die in dieser Jahreszeit in deinem grünen Refugium zu finden sind. Besonders gut sind Pfingstrosen geeignet. Aber auch ein Kranz allein aus Immergrün, wie Buchs, Kirschlorbeer oder Eibe, ist möglich.

2

4

5

6

SELF CARE

## ENTSPANNUNG IM GARTEN

Bisher hast du gelernt, wie du aktiv dem Stress und den negativen Gefühlen entgegenwirken kannst. Mit der Beachtung deiner Gefühle, der Steuerung deiner Gedanken und dem achtsamen Gärtnern hast du dir viele hilfreiche Fähigkeiten angeeignet, um zur Ruhe zu kommen und deine Gefühlswelt zu verbessern.

Im Juni geht es vor allem um die Verfeinerung deiner Beete, Topfarrangements und floristischen Dekorationsgegenstände. Gestalte sie mit entspannend wirkenden Farben!

Strauchrose 'Kew Gardens', Ramblerrose 'Félicité et Perpétue'

## BERUHIGENDE FARBEN

Du hast gelernt, deinen Garten so zu gestalten, dass er dir mehr Freude als Frust bringt. Dadurch wirkt der Garten von außen auf deine Psyche, ohne dass du aktiv etwas machen musst. Auch mit der richtigen Auswahl der Farben für deine Beete, Dekorationsgegenstände oder deinem Gartenmobiliar kannst du Einfluss auf deine Psyche nehmen. So gibt es einige Farben, die entspannend wirken können.

Praktisch ist, dass dein Herzensort automatisch viel Grün bereithält. Eine Farbe, die sowohl ausgleichend und erholsam ist als auch motivierend wirkt. Sicherlich einer der Gründe, weshalb die Natur und natürlich auch Gärten der Psyche so guttun. Zudem kannst du weiße oder blaue Blumenarrangements integrieren, die weitere entspannende Effekte in dein grünes Reich bringen. Damit hast du bereits viel für einen entspannenden Garten getan.

## FARBPSYCHOLOGIE DER ENTSPANNEND WIRKENDEN FARBEN

| Farbe | Bedeutung | Wirkung |
|---|---|---|
| Blau | Harmonie, Wohlbefinden, Vertrauen, Ehrlichkeit, Ruhe | macht zufrieden, regt die Kreativität und Leistungsfähigkeit an |
| Grün | Wachstum, Entfaltung, Harmonie, Stabilität, Fruchtbarkeit | macht glücklich, motiviert, ist ausgleichend und erholsam |
| Grau | Weisheit, Erneuerung, Würde, Gerechtigkeit | harmonisiert, beruhigt und gleicht aus |
| Beige | Ruhe, Erdung, Wärme, Reinheit, Ordnung, Eleganz | wirkt entspannend, vermittelt Sicherheit, ordnet |
| Weiß | Reinheit, Unschuld, Vollkommenheit, Gleichheit, Gerechtigkeit, Friede, Schutz, Hoffnung | wirkt erfrischend, ist stimmungsaufhellend, macht Hoffnung, ordnet und schafft Klarheit |

Neben den beruhigenden Farbvarianten zeige ich dir im Monat Oktober, wie du deine Beete mit aktivierenden Farben gestalten kannst. Auch das ist möglich.

### Pastellfarben

Aber nicht nur die vorgestellten Farben können dich entspannen. Alle Farben in ihrer Pastell-Variante lassen sich als beruhigendes Element in die Gartengestaltung integrieren, da sie ebenfalls als sehr angenehm wahrgenommen werden. Aufgrund ihres hohen Weißanteils haben sie eine geringe Intensität, wodurch eine stimmungsaufhellende und gleichzeitig beruhigende Wirkung herbeigeführt wird.

## IDEEN FÜR EINE BERUHIGENDE GARTENGESTALTUNG

Du kannst dafür sorgen, dass dein Garten zu einem harmonischen und entspannenden Ort wird. Ein paar Ideen habe ich dir hier zusammengefasst:

- Gestalte uneinsehbare Bereiche. Wenn du dich unbeobachtet fühlst, entspannst du leichter.
- Bepflanze Beete und Töpfe in der Nähe von Sitzplätzen mit Pflanzen in beruhigenden Blüten- oder Blattfarben.
- Gestalte Bereiche deines Herzensortes, die nur grün sind.
- Integriere Sitz- und Liegeplätze, die zum Entspannen einladen.
- Wähle bequeme Stühle und Liegen und bestücke sie mit gemütlichen Sitzauflagen und Kissen.
- Bleibe bei gleichen Farben, Formen und Strukturen. Das schafft Harmonie.
- Integriere lieblich duftende Pflanzen, deren sinnliches Aroma dich entspannen lässt.
- Lege einen Miniteich an.

Staudenpfingstrose 'Edulis superba'

# GRÜN
## ENTDECKEN

Gehe durch deinen Garten und achte auf die entspannende Farbe Grün.
Wo findest du überall Grün? Welche Nuancen von Grün entdeckst
du dabei? Wenn es grüne Blätter sind, welche Formen nehmen sie an?
Wenn es die grünen Stängel sind, wie dick und standfest sind sie?
Wenn du grüne Blüten findest, wie heben sich diese vom Blattwerk ab?
Bleibe ganz achtsam bei allem, was grün ist.
Beobachte, aber bewerte nicht!

Zierlauch 'Mount Everest', Nachtviole

Staudenpfingstrose 'Jan van Leeuwen', Nachtviole

Zierlauch 'Mount Everest'

Strauchrose 'Princess of Wales', Eisenhut 'Schneewittchen', Wermut 'Silver Queen'

Nachtviole 'Alba'

Schneeballhortensie 'Annabelle', Ramblerrose 'Apple Blossom', Kugeldistel 'Arctic Glow'

# Juli

**Die Zeit, in der sich das Frühjahr und der Sommer treffen, ist vorbei.** Von nun an herrschen allein die Sommerblüher in Beeten und Töpfen. Jetzt ist der Augenblick gekommen, sich nicht mehr nur um den Garten zu kümmern, sondern ihn auch zu genießen. Er ist zu einem Wohlfühlort geworden, den du mit anderen Menschen teilen kannst. Damit wird er zu deinem sozialen Mittelpunkt. So lassen sich angenehm warme Sommerabende mit Familie und Freunden zelebrieren. Auch sie profitieren von deiner neu gewonnenen Gelassenheit, deiner blütenreich gestalteten Umgebung und von deinen kreativen Ideen. Und auch du profitierst von dem Miteinander, den Gesprächen und dem gemeinsamen Lachen. Selbst deine Stauden und Sommerblumen ziehen Vorteile aus guten Partnerschaften.

**Wie wäre es mit ein bisschen mehr Gesellschaft?**

## DAS IST IM JULI ZU TUN

- ○ „Dead-Heading“ – Verblühtes bei Sommerblumen entfernen
- ○ Beete das letzte Mal in diesem Jahr düngen
- ○ Pflanzen in Töpfen regelmäßig düngen
- ○ Pflanzen in Töpfen regelmäßig gießen
- ○ zur Vorbeugung von Krankheiten oder Schädlingen Pflanzenstärkungsmittel bei empfindlichen Pflanzen sprühen und gießen
- ○ Hitzetraining mit Pflanzen in Beeten (siehe Seite 115)

## BLÜH AUF IN GUTER GESELLSCHAFT!

Stauden und Einjährige sind aufgrund ihrer attraktiven Blüten absolute Gartenstars und lassen sich recht einfach miteinander kombinieren. Aber auch in Verbindung mit anderen Pflanzen, wie Gräsern, Sträuchern und Bäumen, wirken sie grandios!

Patagonisches Eisenkraut, Hochsommer-Lauch 'Summer Beauty', Ödland-Aster 'Nanus'

## GUT KOMBINIERT MIT GRÄSERN

Einjährige Sommerblumen und Stauden lassen sich sehr gut mit Gräsern kombinieren. Sie bringen einen eher informellen und lässigen Look ins Beet. Deshalb werden Kombinationen mit Gräsern oft so gestaltet, dass das Beet ein wiesenhaftes Aussehen erhält. Ein Vertreter dieser Beetkombinationen ist das sogenannte Präriebeet, welches die weiten Landschaften des mittleren Westens der USA imitiert und sehr oft Vorbild für Kombinationspflanzungen von Stauden und Gräsern ist. Dabei werden Stauden und Gräser wie zufällig im Beet miteinander kombiniert, indem sie wahllos ins Beet geworfen werden. So, wie sie fallen, werden sie gepflanzt. Auch die Samen der Einjährigen werden einfach ins Beet geworfen und dürfen ihren Platz selbst finden.

### TIPP

Präriebeete werden mit hitzeresistenten Pflanzen bestückt. Damit sie unsere nassen Winter gut überstehen, sollte der Boden gut durchlässig sein. Deshalb solltest du lehmige Böden mit Sand und Splitt durchlässiger machen.

## PFLANZENIDEEN FÜR DEIN EIGENES PRÄRIEBEET

| | |
|---|---|
| **Einjährige** | Jungfer im Grünen, Kornblume, Mohn, Feldrittersporn, Schmuckkörbchen, Wilde Möhre |
| **Stauden** | Aster, Duftnessel, Ehrenpreis, Fackellilie, Graslilie, Indianernessel, Katzenminze, Kugeldistel, Lichtnelke, Mannstreu, Bartfaden, Phlox, Prachtkerze, Prachtscharte, Scheinsonnenhut, Schafgarbe, Sonnenbraut, Sonnenhut, Spornblume, Stauden-Sonnenblume, Steppen-Salbei |
| **Gräser** | Chinaschilf, Lampenputzergras, Reitgras, Rutenhirse, Tautropfengras |
| **Halbsträucher und Sträucher** | Bartblume, Blauraute, Sommerflieder, Lavendel, Salbei, Zistrose |
| **Zwiebelblumen und Knollenpflanzen** | Krokus, Kugellauch, Lilie, Montbretie, Persische Kaiserkrone, Prärielilie, Steppenkerze, Wildtulpe |

## TIPP

Ebenso gut lassen sich Gräser in Töpfe pflanzen. Meist entfalten sie ihre volle Wirkung erst Ende des Sommers und im Herbst. Deswegen werden Gräser gern in herbstliche Topfarrangements integriert.

## GUT KOMBINIERT MIT HALBSTRÄUCHERN

Halbsträucher nehmen eine Mittelstellung zwischen Stauden und Sträuchern ein. An der Basis verholzen sie wie Sträucher. Die Austriebe des aktuellen Jahres tun das allerdings nicht und bleiben krautig, ähnlich der Stauden. Nach der Winterpause treiben sie mehrheitlich nicht – wie Stauden – aus der Erde aus, sondern aus dem verholzten Pflanzenmaterial.

Solche Halbsträucher finden sich massenhaft in unseren Gärten: Blauraute, Currykraut, Heidekraut, Lavendel, Rosmarin, Schleifenblume, Thymian, Zistrose, um nur einige zu nennen.

Am besten kombinierst du sie, indem du sie wie die Stauden selbst in deinen Beetplan integrierst. Achte dabei jedoch auf deren Platzbedarf. Sie brauchen manchmal mehr Raum als eine einzelne Staude. Dieser muss sorgfältig bei der Planung bedacht werden. Ein typisches Beispiel für ein gemischtes Beet (Einjährige, Stauden, Halbsträucher, Sträucher) stelle ich dir im Anschluss als Mondscheinbeet auf Seite 106 und im Monat Oktober in Form eines Rosengartens vor, den du ähnlich gestaltet auch in meinem Garten findest.

Rittersporn 'King Arthur', Rittersporn 'Summer Skies', Lavendel 'Hidcote Blue'

## GUT KOMBINIERT MIT STRÄUCHERN

Sträucher sind Pflanzen, die verholzen und nicht wie Bäume einen Hauptstamm, sondern mehrere Stämme ausbilden. Sie werden analog den Halbsträuchern in die Beetplanung integriert. Da einige Arten sehr hoch und breit wachsen, solltest du sie unter Beachtung ihrer Endgröße als Erstes in deinen Plan einzeichnen. Kleinsträucher behandelst du bei deiner Planung wie Stauden.

Auch bei den Sträuchern gibt es wunderschöne blühende Sorten. Meine drei liebsten Blühsträucher – neben Rosen und Hortensien – stelle ich dir kurz vor:

### 1 Sieben-Söhne-des-Himmels-Strauch (Heptacodium miconioides)

Dieser Strauch hat gleich mehrere Vorteile: Seine Hauptblüte hat er von Ende August bis Anfang Oktober, eine Zeit, in der in unseren Breiten kaum Bäume blühen. Deshalb ist er meist voll mit Insekten, wie Bienen oder Schmetterlingen, besetzt. Er verträgt Trockenheit gut, vor allem, wenn er eingewachsen ist, und wird mit drei bis vier Metern Höhe auch nicht zu groß für einen kleinen Garten.

### 2 Roter Perückenstrauch (Cotinus coggygria)

Dieser Perückenstrauch überzeugt durch seine dunkelroten Blätter und fluffig wirkenden Fruchtstände. Er wird ebenfalls nicht zu groß und übersteigt die drei Meter kaum. So ist er auch für kleinere Gärten geeignet. Er passt gut in Staudenpflanzungen, die sich in der Farbauswahl von Rot über Rosa bis hin zu Lila bewegen. Schneidet man ihn jährlich stark herunter, bleibt er klein und passt sich ähnlich der Stauden gut ins Beet ein.

### 3 Japanischer Blumen-Hartriegel (Cornus kousa)

Ende Mai beginnt der Blumen-Hartriegel zu blühen. Die eigentlichen Blüten befinden sich in der Mitte von vier Scheinblütenblättern. Diese bieten einen imposanten Eindruck. Der Strauch wird gern als allein stehender Hingucker (Solitär) gepflanzt, damit er in seiner vollen Pracht wirken kann. Dabei wird er höchstens mit kleinbleibenden Schattenstauden unterpflanzt. Für diesen Strauch braucht es allerdings Platz. Er wird drei bis sechs Meter hoch.

1

2

3

Du kannst Sträucher auch im Topf halten. Der Japanische Blumen-Hartriegel wächst bei mir beispielsweise ohne Probleme im Kübel. Allerdings brauchst du hierfür einen großen Topf, im Frühjahr eine Düngergabe und alle zwei bis drei Jahre neue Erde. Dafür nimmst du den Strauch aus dem Topf und entfernst außen herum die alte Erde aus dem Wurzelballen. Eventuell müssen die Wurzeln leicht gestutzt werden. Danach setzt du den Strauch in den alten Topf und gibst frische Erde hinzu.

## GUT KOMBINIERT MIT BÄUMEN

Besonders Stauden, Farne und Gräser lassen sich wunderbar mit Bäumen kombinieren. Ein Waldgarten beinhaltet beispielsweise viele verschiedene Bäume, die effektvoll unterpflanzt werden können. Dabei ist jedoch zu beachten, dass die Lebensbedingungen für Pflanzen unter Bäumen oft sehr schwierig sind. Trockenheit, wenig Licht und Wurzeldruck machen ihnen ganz schön zu schaffen. Deshalb braucht es für diese Art von Unterpflanzung robuste Schattenpflanzen.

Wenn der Boden nicht ganz trocken, sondern eher frisch ist, eignen sich Astilben, Farne, Funkien, Kaukasusvergissmeinnicht, Lungenkraut, Maiglöckchen, Sterndolden, Tränendes Herz, Waldmeister und viele mehr.

### TIPP

**PFLANZEN FÜR DEN TROCKENEN SCHATTEN:**
Beinwell, Duft-Veilchen, Elfenblume, Frauenmantel, Goldnessel, Lerchensporn, Mandelblättrige Purpur-Wolfsmilch, Purpurglöckchen, Salomonssiegel, Schildfarn

Im Waldgarten dominieren nicht die Blüten, da sie in der Regel eher unscheinbar sind. Blätter sind die eigentlichen Schattenstars. Deshalb solltest du verschiedene Blattformen und -größen miteinander kombinieren. Besonders gut wirken auch mehrfarbige Blätter – im Fachjargon panaschierte Blätter genannt. Weiße oder hellgelbe Streifen und Tupfen auf den Blättern leuchten besonders schön aus dem Schatten heraus. Diese findet man häufig bei den Funkien *(Hosta)*, dem Lungenkraut und dem Kaukasusvergissmeinnicht.

Kastanienblättriges Schaublatt

PFLANZPLAN

## LEUCHTENDES MONDSCHEINBEET

In die Nacht hinein den Garten genießen, das macht den Juli aus! Damit du und deine Gäste auch im Mondschein dein Blumenbeet am Sitzplatz genießen können, solltest du ein weißes Beet anlegen. Das leuchtet noch lange in der Dämmerung und spiegelt selbst die kleinsten Lichtstrahlen des Mondes wider.

**Standort:** Schatten

**Maße:** 3 × 2m

**Boden:** humos; frisch

### TIPP

Diese Bepflanzung braucht einen frischen Boden. Wenn dein Boden eher trocken ist, empfiehlt sich ein Hitzetraining (siehe Seite 115) mit der Wald-Hortensie und dem Wald-Geißbart. Anemone, Sterndolde und Kaukasusvergissmeinnicht kannst du durch Elfenblume, Salomonssiegel und Schildfarn ersetzen.

## BEETPLAN

Die Blumenzwiebeln werden ausgeworfen und danach eingegraben.

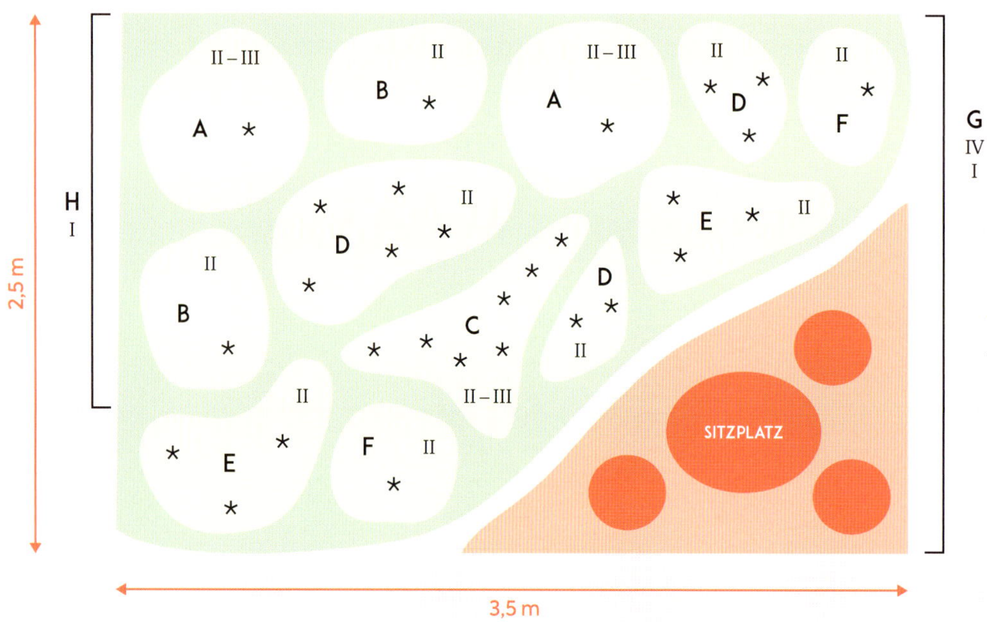


**Sterne**
Anzahl der Pflanzen

**Römische Zahlen**
**I:** Frühling
**II:** Sommer
**III:** Herbst
**IV:** Winter

A HYDRANGEA ARBORESCENS 'ANNABELLE'
Wald-Hortensie 'Annabelle'
**Menge:** 2 Stück

B ARUNCUS DIOICUS
Wald-Geißbart
**Menge:** 2 Stück

C ANEMONE JAPONICA-HYBRIDE 'WHIRLWIND'
Herbst-Anemone 'Whirlwind'
**Menge:** 7 Stück

D ASTRANTIA MAJOR 'SHAGGY'
Weiße Sterndolde 'Shaggy'
**Menge:** 10 Stück

E BRUNNERA MACROPHYLLA 'MR. MORSE'
Silbriges Kaukasusvergissmeinnicht 'Mr. Morse'
**Menge:** 6 Stück

F HOSTA 'SNAKE EYES'
Funkie 'Snake Eyes'
**Menge:** 2 Stück

G GALANTHUS NIVALIS
Schneeglöckchen
**Menge:** 100 Stück

H NARCISSUS TRIANDRUS 'THALIA'
Engelstränen-Narzisse 'Thalia'
**Menge:** 50 Stück

## SCHWEBENDE BLÜTENWOLKE

Mit vielen Sonnentagen und warmen Nächten lässt sich im Juli leicht das eine oder andere Gartenfest feiern. Dabei darf die Dekoration ruhig etwas üppiger ausfallen und auch gern etwas verrückt sein! Deshalb zeige ich dir jetzt eine schwebende Blütendekoration, die dein Fest zu einem unvergesslichen Ereignis macht.

Das benötigst du:

**Material:** Deko-Tischgestell, Hasendraht, Draht, Blumenröhrchen, Kirschlorbeerzweige, Zweige vom blühenden Perückenstrauch, Dahlien, Wiesenknopf, Hirse
**Werkzeug:** Metallschere, Blumenschere

Haltbarkeit:

Die Blütenwolke hält zwei bis drei Tage und sollte nicht früher als ein Tag vor dem Fest, lieber am selben Tag, installiert werden.

## SO GEHT'S:

**1** Installiere ein Metallgerüst an deinem Tisch. Tischdekorationsstangen findest du in vielen Farben und Formen im Handel.

**2** Wickle Hasendraht um die Stellen der Stange, die mit einer Blütenwolke aufgehübscht werden sollen. Achte dabei darauf, dass der Draht fest verankert ist. Eventuell muss er zusätzlich fixiert werden.

**3** Schneide die Blumen an, entferne die Blätter und stecke sie in Blumenröhrchen. Achte beim Kauf der Blumenröhrchen darauf, dass sie so schmal sind, dass sie durch den Hasendraht passen.

**4** Stecke zuerst die Zweige von Kirschlorbeer und Perückenstrauch in das Drahtgestell. Verteile sie gut, sodass vom Hasendraht nichts mehr zu sehen ist.

**5** Stecke anschließend die Dahlien und den Wiesenknopf in das Arrangement. Sie sind die Hauptpflanzen in diesem Arrangement.

**6** Zum Schluss verteilst du die Hirse in der Blütenwolke. Durch das Herunterhängen geht sie eine Verbindung mit der Tischdekoration ein.

### TIPP

Wenn du dich bei den Füllpflanzen für reines Blattgrün entscheidest, brauchst du dieses nicht in Blumenröhrchen zu stecken, da es auch nach dem Trocknen seine Form behält. Kirschlorbeer, Rosmarin, Olive oder Eukalyptus sind hier hervorragend geeignet. Gleiches gilt für Blüten von Mannstreu, Kugeldistel, Wiesenknopf, Strandflieder und Schleierkraut.

1

2

4

6

## IM MITEINANDER WACHSEN UND ERBLÜHEN

Soziale Kontakte sind wichtig für die Psyche eines Menschen. Gemeinsames Lachen, Gespräche und das Teilen deiner Sorgen helfen dir dabei, gesund zu bleiben.

## GEMEINSAM IM GARTEN

Bisher hast du dich viel mit dir selbst beschäftigt. Du hast einen grünen Ort gestaltet, dich mit deiner Kreativität auseinandergesetzt und gelernt, wie du mit deinen Gedanken und Gefühlen ins Reine kommen kannst. Es sind nicht nur viele bunte Blumen in deinem Garten aufgegangen, sondern auch in deiner Seele. Die Beschäftigung mit sich selbst tut gut! Nun kommt ein ganz anderer wichtiger Aspekt hinzu: die Auseinandersetzung mit anderen Menschen. Gerade ein Garten bietet viele Möglichkeiten für das soziale Miteinander. Du kannst fröhliche und ausgelassene Feste feiern, ernste Gespräche führen oder einfach nur gemeinsam gärtnern.

## BEZIEHUNGEN PFLEGEN

Studien haben ergeben, dass du Beziehungen zu anderen Menschen pflegen solltest, wenn du gesund bleiben und ein langes Leben haben möchtest. Wenn du in soziale Kontakte eingebunden bist und beständige, unterstützende Freundschaften hast, erfüllst du bereits zwei wichtige Grundbausteine für eine stabile Gesundheit. Es zeigt sich, dass je näher sich Menschen stehen, umso größer die Wirkung ist. Freude, Nähe, Vertrauen, Wertschätzung, Zuneigung und vieles mehr helfen dir, gesund zu bleiben, dich sicher zu fühlen und dein Leben gelassener zu führen. Insbesondere ein Garten, eine Terrasse oder ein Balkon sind ideal geeignet für das soziale Miteinander.

Bauernhortensie 'Red Angel'

## TIPPS FÜR INTROVERTIERTE

Bist du extrovertiert, wird dir das soziale Leben in deinem Garten, auf deinem Balkon oder deiner Terrasse sicher nicht schwerfallen. Wenn du allerdings eher introvertiert bist, kann es sein, dass dich Menschen leicht stressen. Hier muss es auch nicht die große Sause sein, um Nähe zu anderen Menschen zu erfahren. Viel wichtiger sind wenige, dafür jedoch sehr nahe Menschen, die dich verstehen und mögen.

Was kannst du also tun, um mit deinem Garten soziale Kontakte zu pflegen? Ein paar Ideen habe ich hier für dich zusammengefasst:

### IDEEN FÜR DEIN SOZIALES GARTENLEBEN

1 Gestalte deinen Vorgarten attraktiv und stelle eine Bank oder eine kleine Sitzgruppe hinein. So schaffst du eine Umgebung, die vorbeigehende Menschen für ein paar Minuten zu einem Plausch einlädt.

2 Schaffe verschwiegene und uneinsehbare Sitzecken, in denen du mit engen Freunden und der Familie über ernste Themen reden kannst.

3 Plane einen größeren Sitzbereich, damit du Platz für ein Gartenfest hast.

4 Lade Familie, Freund*innen, Bekannte, Nachbar*innen zu einem Kaffee, zum Grillen oder einfach nur zu einem Plausch in den Garten ein.

5 Baue eine Outdoorküche, denn beim Essen lässt sich das soziale Miteinander besonders gut pflegen.

6 Hole dir Hilfe bei schwereren Gartenarbeiten. Gemeinsam gärtnert es sich leichter.

7 Engagiere dich in einem Gartenbauverein. Gemeinsame Themen schweißen zusammen.

8 Besuche andere Gärten und lade Garteninteressierte in deinen Garten ein.

9 Tausche Samen, Ableger und Gartenideen mit anderen Gartenbegeisterten.

10 Verschenke die Früchte deines Gartens und deiner Kreativität.

11 Lasse nur Menschen in deinen Garten, die dir guttun.

Schneeballhortensie 'Annabelle', Phlox 'Düsterlohe', Storchschnabel 'Rozanne', Sterndolde 'Shaggy'

Mit guten Kontakten ausgestattet, wirst du bald merken, dass du dich gesünder fühlst und weniger gestresst bist. Die Gefahr vor psychischen Erkrankungen wird so verringert, du wirst ausgeglichener sein und dein (Garten-)Leben mehr genießen können.

Schmuckkörbchen 'Reinheit', Mannstreu 'White Glitter'

# August

**Der August ist oft heiß und lässt den Sommer noch einmal richtig aufleben, bevor er langsam in den Herbst übergeht.** Genieße die Zeit im Garten und tue etwas für dich selbst. Wie wäre es mit einem kleinen Urlaub im Garten? Du könntest ein Sonnenbad nehmen und die Wärme der Sonne und des kühlenden Windes auf deiner Haut spüren. Oder wie wäre es mit einem leckeren Essen und selbst gemachter Limonade auf deiner Terrasse? Kleine Auszeiten mit einer guten Selbstfürsorge sind unheimlich wichtig! So wird der Garten zu einem Herzens- und Zufluchtsort für dich und deine Lieben. Dein blütenreiches Refugium lässt sich nun wunderbar genießen.

**Deshalb geht es im August noch einmal um Wellness für dich und deinen Garten.**

## DAS IST IM AUGUST ZU TUN

- ○ „Dead-Heading" – Verblühtes bei Sommerblumen entfernen
- ○ Pflanzen in Töpfen regelmäßig düngen
- ○ Pflanzen in Töpfen regelmäßig gießen
- ○ zur Vorbeugung von Krankheiten oder Schädlingen Pflanzenstärkungsmittel bei empfindlichen Pflanzen sprühen und gießen
- ○ Hitzetraining mit Pflanzen in Beeten
- ○ nach passenden Zwiebelblumen recherchieren

## TROCKENHEIT IM GARTEN

Viele heiße Sommertage lassen den Garten leiden und die Pflanzen sehen schnell „gestresst“ aus. Damit deine Pflanzen solche Hitzeperioden gut überstehen, gibt es ein paar Tipps und Tricks.

Sonnenhut 'Goldsturm'

## HITZETIPPS BEI HEIßEN SOMMERN

Der Klimawandel verändert die Art des Gärtnerns. Wenig Regen, lange Sonnenperioden und Wetterextreme führen dazu, dass deine Pflanzen über lange Zeiträume gestresst werden und unter Umständen sogar ausfallen können. In solchen Sommern sinkt das Grundwasser immens. Deshalb sollte so wenig wie möglich – oder besser gar nicht – gegossen werden. Die folgenden Tipps werden dir dabei helfen, dass dein Garten heiße und trockene Sommer gut übersteht.

**Mulchen:** Du solltest deine Beete über den Sommer regelmäßig mulchen. Ideal dafür ist Kompost, der im März oder April auf die Beete gegeben wird. Auch Rasenschnitt, Heu, Stroh, Schafwolle oder Splitt bedecken die Erde und halten sie feucht.

**Dicht pflanzen:** Eine dichte Bepflanzung mit Stauden lässt keinen Sonnenstrahl auf den Gartenboden und schützt so vor einer zu schnellen Verdunstung des Wassers im Boden.

**Beschatten:** Neben den Blühpflanzen macht es Sinn, klimaresistente Bäume in den Garten zu pflanzen. Diese beschatten je nach Sonnenstand immer wieder die Beete und bescheren so eine Pause vor der Sonne. Auch Obelisken, Pergolen oder Sichtschutzzäune schaffen Schatten und können zudem mit blühenden Kletterern bepflanzt werden.

**Hitzetraining:** Du kannst deine Pflanzen dazu erziehen, Hitze besser und länger auszuhalten. Dazu sollten eingewachsene Beetpflanzen erst gegossen werden, wenn sie am frühen Morgen immer noch die Blätter hängen lassen. Dann erst brauchen sie Wasser. Mit dieser Methode werden sie dazu angeregt, tiefe Wurzeln zu bilden und das Wasser aus tieferen Erdschichten zu holen. Das ist das perfekte Hitzetraining für deine Stauden und Sträucher! Im Gegensatz dazu lässt das häufige und mäßige Gießen die Wurzeln an der Oberfläche bleiben, wo sie bei großer Hitze kein Wasser mehr finden.

**Hitzeresistente Pflanzen auswählen:** Setze in deinen Garten überwiegend Pflanzen, die Hitzeperioden aushalten können. Du erkennst sie an dicken Blättern, silbrigem oder behaartem Laub und Pfahlwurzeln. Am besten informierst du dich vor dem Pflanzenkauf über hitzeresistente Pflanzen.

**Pflanzort beachten:** Setze nur Pflanzen in dein Beet, die auch zum Pflanzort passen. Achte darauf, dass die Ansprüche der Pflanze an die Bodenbeschaffenheit, die Bodenfeuchte und das Licht erfüllt sind. Dann bleibt die Pflege auf ein Minimum beschränkt.

**Boden vorbereiten:** Viele trockenheitsliebende Pflanzen brauchen einen nährstoffarmen und durchlässigen Boden. Hier solltest du deinen Boden mit Sand und Splitt abmagern und durchlässiger machen, sonst überleben sie nasskalte Winter nicht. In diesem Fall darfst du als Mulch nur Kies, Sand oder Muscheln verwenden.

Lilien-Funkie 'Grandiflora'

## TIPP

DIESE PFLANZEN HALTEN HITZE GUT AUS:
Ballonblume, Blauraute, Blausternbusch, Duftnessel, Fackellilie, Fetthenne, Hauswurz, Katzenminze, Mädchenauge, Mazedonische Witwenblume, Meerkohl, Mittelmeer-Wolfsmilch, Spanisches Gänseblümchen, Patagonisches Eisenkraut, Prachtkerze, Prachtscharte, Rose, Scheinsonnenhut, Sonnenbraut, Spornblume, Steinquendel, Wermut, Woll-Ziest

PFLANZPLAN

## KÜHLENDES INSELBEET IN BLAU UND GELB

An heißen Tagen braucht es nicht nur Abkühlung für den Körper, sondern auch für das Auge. Ich zeige dir ein Beet, dass kühl wirkt und zudem sehr gut hitzeverträglich ist.

**Standort:** Sonne

**Maße:** 5 × 3 m

**Boden:** humos bis sandig; trocken

### TIPP

Wenn du das Beet mit Sandsteinsplitt mulchst und ein paar Sandsteinfindlinge dazwischen drapierst, wirkt das Beet mediterran und ist zudem vor zu starker Verdunstung geschützt.

## BEETPLAN

Die Blumenzwiebeln werden ausgeworfen und danach eingegraben.

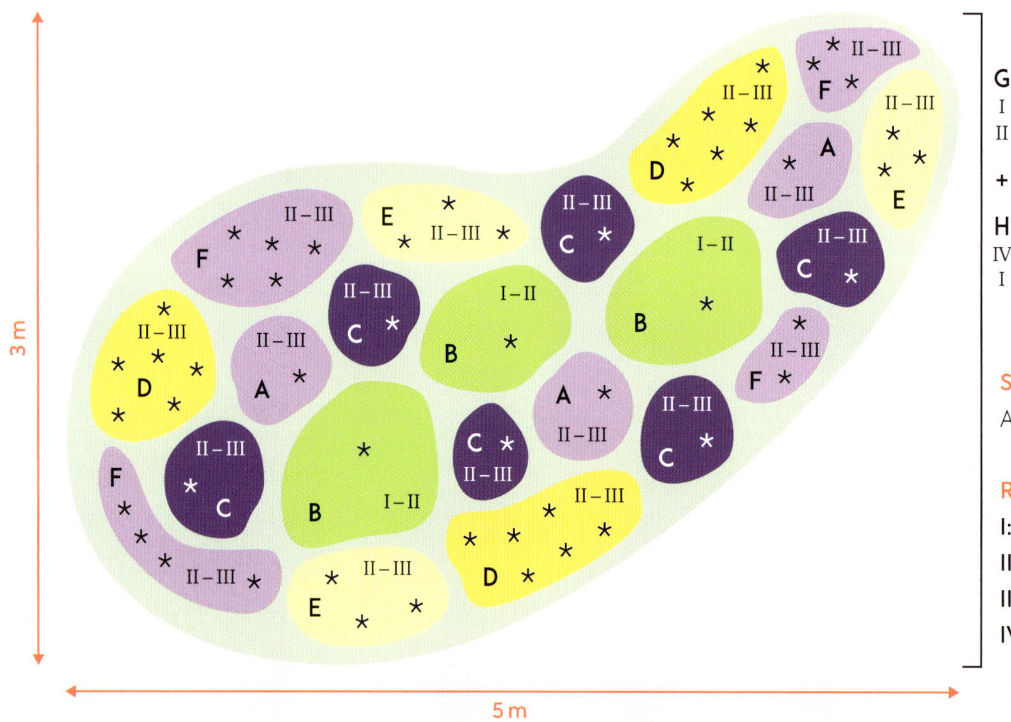


**Sterne**
Anzahl der Pflanzen

**Römische Zahlen**
**I:** Frühling
**II:** Sommer
**III:** Herbst
**IV:** Winter

A BUDDLEJA DAVIDII 'EMPIRE BLUE'
Sommerflieder 'Empire Blue'
**Menge:** 3 Stück

B EUPHORBIA CHARACIAS 'HUMPTY DUMPTY'
Wolfsmilch 'Humpty Dumpty'
**Menge:** 3 Stück

C NEPETA × FAASSENII 'BLUE WONDER'
Katzenminze 'Blue Wonder'
**Menge:** 6 Stück

D COREOPSIS VERTICILLATA 'MOONBEAM'
Mädchenauge 'Moonbeam'
**Menge:** 18 Stück

E ROSA 'VANESSA BELL'
Strauchrose 'Vanessa Bell'
**Menge:** 9 Stück

F VERBENA BONARIENSIS
Patagonisches Eisenkraut
**Menge:** 14 Stück

G HYACINTHUS ORIENTALIS 'BLUE JACKET'
Hyazinthe 'Blue Jacket'
**Menge:** 100 Stück

H CROCUS CHRYSANTHUS 'CREAM BEAUTY'
Krokus 'Cream Beauty'
**Menge:** 300 Stück

## HITZEBESTÄNDIGER DISTELKRANZ

Heiße Gartentage benötigen Dekorationsgegenstände, die ebenfalls gut Hitze vertragen. Deshalb zeige ich dir, wie du einen Distelkranz gestalten kannst, der auch getrocknet wunderschön aussieht.

Das benötigst du:

**Material:** Metallring, Bindedraht, Schleierkraut, verschiedene Disteln, Strandflieder
**Werkzeug:** Gartenschere, Schere

Haltbarkeit:

Der Kranz hält mehrere Tage. Danach trocknet er formstabil ein und kann als Trockenkranz weiter genutzt werden.

## SO GEHT'S:

1 Bereite die Blüten vor, indem du sie in kleine Segmente schneidest.

2 Wickle den Bindedraht ein paarmal um den Metallring und fixiere ihn. An dieser Stelle startest du mit dem Binden.

3 Nimm ein paar der Pflanzenzuschnitte zu einem kleinen Sträußchen zusammen und lege sie mit dem Stiel in eine Richtung am Metallring entlang an. Im nächsten Schritt wickelst du den Draht so um den Ring, dass die Materialien mitgefasst und fixiert werden.

4 Dann nimmst du weitere Pflanzenteile und legst sie etwas unterhalb der bereits gebundenen und wiederholst den Vorgang rund um den Kranz. Achte darauf, dass du gleichmäßig arbeitest und nichts mehr von dem Metallring zu sehen ist.

5 Größere Blumen, wie die prachtvollen Kugeldisteln, solltest du in regelmäßigen Abständen anordnen. Das bringt Ruhe für das Auge.

6 Kommst du beim Binden wieder an den Anfang zurück, musst du aufpassen, dass du die bereits gebundenen Blütenteile nicht noch einmal fixierst. Zuletzt verknotest du den Draht auf der Rückseite. Fertig ist der Kranz!

### TIPP

Der Kranz passt wunderbar auf den Tisch in ein schönes Tablett, kann aber auch mit einem zierenden Band an einem Fenster oder einer Tür aufgehängt werden.

1

2

3

5

## TRAUMREISEN DURCH DEN GARTEN

Selbst wenn du dich bereits in deinem Garten wie im Urlaub fühlst, kannst du dieses Gefühl verstärken. Wie wäre es mit einer Garten-Traumreise, die dich entspannt und im Anschluss zu einem Nickerchen im Liegestuhl einlädt?

## GEDANKENREISE

Manchmal liege ich einfach nur da, ganz entspannt, mit geschlossenen Augen, und stelle mir schöne Dinge vor. Besonders an trüben Wintertagen hole ich mir auf diese Weise meine grüne Oase in meinen Gedanken zurück. Ich reise dabei in den letzten Sommer oder wage sogar einen Blick in das nächste Gartenjahr. Dann stelle ich mir vor, wie die Stauden, die ich neu gepflanzt, oder die Tulpen, die ich im Herbst gesetzt habe, aussehen werden.

## VORSTELLUNGEN VOM TRAUMGARTEN

Dabei entwickle ich ganz nebenbei weitere kreativen Gartenideen. Ich stelle mir vor, wie ich den Garten verändere, wo noch Struktur fehlt, an welcher Stelle eine besondere Staude besser wirkt, oder an welchem Platz sich weiteres Gartenmobiliar gut machen würde. In Gedanken sehe ich die Veränderungen in ihrer vollen Pracht vor mir und freue mich darüber. Meine Kreativität und Fantasie wachsen, bis ich schließlich entspannt einschlafe.

## ENTSPANNUNGSEFFEKTE

Das ist meine Art einer Traumreise, die mich in Gedanken an schöne Orte führt, mich entspannt und an sorgenreichen Tagen sogar dabei hilft, besser einzuschlafen. Solch imaginative Verfahren helfen nachweislich dabei, die Vorstellungskraft, Fantasie und Konzentration zu verbessern. Zudem wird diese Technik als entspannend wahrgenommen. Dauerhaft angewendet kann eine Verknüpfung des Entspannungszustandes mit den imaginierten Bildern der Traumreise entstehen, sodass beim bloßen Gedanken an diese Bilder eine merkliche physische wie psychische Entspannung eintritt.

Wenn du also auch etwas mehr Kreativität, Fantasie und Entspannung gebrauchen kannst, lade ich dich dazu ein, kleine Traumreisen in deinen Gartenalltag zu integrieren. Und so startest du deine Traumreise:

- Suche dir einen möglichst ruhigen Ort und lege oder setze dich dort bequem hin.
- Schließe deine Augen und atme ein paar Mal tief ein und aus. Achte dabei auf deinen Körper und deine Wahrnehmungen. Lasse dir dabei viel Zeit!
- Versetze dich in Gedanken an einen entspannenden Wohlfühlort – beispielsweise deinen eigenen Garten oder einen Fantasiegarten. Wichtig ist, dass du dich dort gut und sicher fühlst.
- Nun wandelst du in Gedanken durch diesen Ort und nimmst ihn mit allen Sinnen auf. Wie sieht es dort aus? Wie riecht es? Wie fühlen sich die Pflanzen an?
- Stell dir alles bis ins kleinste Detail vor. Je genauer du dir in Gedanken deinen inneren Zufluchtsort vorstellst, umso besser!
- Manchmal schläft man bei einer solchen Reise ein. Ist das nicht der Fall, solltest du langsam wieder in die Realität zurückkehren. Dazu richtest du deine Sinne wieder in die Außenwelt und konzentrierst dich auf die Geräusche um dich herum, atmest ein paar Mal tief ein und aus, reckst und streckst dich und öffnest die Augen.

**Mit dieser Übung schaffst du es nicht nur, entspannter zu werden, sondern entwickelst auch neue Ideen für deinen Garten. Damit trägst du etwas von deiner inneren Entspannung hinaus in dein kleines Fleckchen Grün.**

Schmuckkörbchen 'White Dreams'

# TRAUM-
# WAHRNEHMUNG

Du kannst während deiner Traumreise ebenfalls achtsam sein! Was hörst du in deinem imaginativen Garten? Was siehst, riechst und spürst du? Nutze alle deine Sinne und erlebe deine Fantasieoase so, als wäre sie real. Wie fühlt es sich an? Welche Gefühle löst sie in dir aus? Nimm alles wahr, ohne es zu bewerten.

Bauernhortensie Endless Summer® 'The Bride'

Phlox 'David', Bronzefenchel 'Rubrum', Kandelaber-Ehrenpreis 'Diana'

Gelbe Knollenbegonie, Baumheide 'Albert's Gold'

Herbst-Alpenveilchen 'Perlenteppich', Knospenheide Gardengirls® 'Weiße Rita', weiße Herbst-Chrysantheme, Bauernhortensie Endless Summer® 'The Bride', Schneeballhortensie 'Annabelle'

# September

**Zu Beginn des Septembers stehen noch viele der Sommerblumen in voller Blüte.** Von den typisch herbstlichen Wetterkapriolen ist zu dieser Zeit noch nicht viel zu bemerken. Lediglich die Abende und Nächte scheinen etwas kühler zu werden und man braucht bereits Decken und warme Westen, um lange in die Nacht hinein im Garten sitzen zu können. Jetzt ist auch die Zeit gekommen, in der eine Feuerschale nicht mehr nur als dekoratives Element genutzt wird, sondern ganz praktisch den Abend und die Seele erwärmt. Nimm dir Zeit für dich und deine Lieben und genieße den Garten, denn erst zum Ende des Monats heißt es, wieder etwas aktiver zu werden.
Dann beginnen die Vorbereitungen für dein nächstes Blumenjahr. Es wird gesät und gepflanzt.

**Damit wird dein Herzensort im nächsten Jahr noch viel schöner und üppiger blühen.**

## DAS IST IM SEPTEMBER ZU TUN

- ○ „Dead-Heading“ – Verblühtes bei Sommerblumen entfernen
- ○ Töpfe herbstlich bepflanzen
- ○ Pflanzen in Töpfen regelmäßig düngen
- ○ Pflanzen in Töpfen regelmäßig gießen
- ○ zur Vorbeugung von Krankheiten oder Schädlingen Pflanzenstärkungsmittel bei empfindlichen Pflanzen sprühen und gießen
- ○ Blumenzwiebeln kaufen
- ○ Blumenzwiebeln pflanzen
- ○ Samen ernten
- ○ Cool Flowers säen
- ○ Stauden kaufen
- ○ Stauden pflanzen
- ○ Stauden teilen

GARTEN WISSEN

## BLÜTENEXPLOSION FÜR DAS NÄCHSTE JAHR

Im September kannst du den Blütenreichtum des nächsten Jahres vorbereiten. Säe Cool Flowers, ernte fleißig Blumensamen und stecke zum Ende des Monats Blumenzwiebeln in die Erde. So wird dich im nächsten Frühjahr eine wahre Blütenexplosion erwarten.

Gewöhnlicher Feldrittersporn, Feldrittersporn 'QIS Light Pink'

## COOL FLOWERS

Wenn du im Garten deine Einjährigen beobachtest, wirst du bemerken, dass einige bereits schon zum Ende des Jahres keimen, in diesem Zustand dem Winter trotzen und im nächsten Jahr prächtig blühen werden. Solche winterresistenten einjährigen Blumen nennt man Cool Flowers. Zu ihnen gehören beispielsweise Mohn, Jungfer im Grünen oder Kornblumen. Diese kannst du im September direkt ins Beet säen und beobachten, wie sie in den darauffolgenden Wochen zu wachsen beginnen. Die Aussaat in diesem Monat hat zudem den Vorteil, dass die Pflänzchen im Frühjahr mit einem Wachstumsvorsprung starten. So kommen sie eher zur Blüte, als wenn du sie im März aussäst. Ist das nicht klasse?

### BEISPIELE FÜR COOL FLOWERS

Dill, Feldrittersporn, Jungfer im Grünen, Kornblume, Knorpelmöhre, Levkoje, Löwenmäulchen, Mohn, Mutterkraut, Ringelblume, Strohblume, Strahlenbreitsame, Wilde Möhre

### Samen ausbringen

Alles, was du tun musst, ist, die Samen in den Beeten zu verstreuen. Die Natur übernimmt dann den Rest. Eines solltest du jedoch bei der Aussaat beachten: Die Pflanzen brauchen Licht, um zu wachsen! Kommt nur wenig Licht auf den Boden, gehen die Sämlinge nicht auf. Wenn du also jährlich Cool Flowers in den Beeten haben möchtest, solltest du sie in Beetlücken oder an den Beetrand streuen. Dann haben sie einen sonnigen bis maximal halbschattigen Platz und die Samen werden gut aufgehen.

Klatschmohn 'Mother of Pearl'

## SAMENERNTE

Ende September wirst du bereits deutlich wahrnehmen, dass der Herbst im Garten angekommen ist. Noch blühen beispielsweise Dahlie und Schmuckkörbchen, doch nun findest du vereinzelt braune Samenkapseln zwischen dem Grün. Ein Grund zur Freude, denn daraus entstehen völlig kostenfrei und ganz nachhaltig Blumen für das nächste Jahr.

Je weiter der Herbst fortschreitet, umso mehr Fruchtstände finden sich im Garten und das satte Grün der Blätter weicht einem Goldton. Jetzt wird es Zeit, zur Samenernte zu schreiten.

### TIPP

Das Gewinnen von Samen von Einjährigen, Zweijährigen und Stauden aus dem eigenen Garten ist recht einfach und nachhaltig.

Alpen-Mannstreu 'Blue Star'

### TIPP

Du kannst das ganze Jahr über Samen in deinem Garten ernten. Bereits im Frühjahr verblühen die ersten Pflanzen und schenken dir ein reichhaltiges Samenangebot.

Das benötigst du:

**Material:** Samenkapseln, große Papiertüten, Papiertütchen, Papier, Aufbewahrungsbox
**Werkzeug:** Gartenschere, Stift

Haltbarkeit:

Die Samen halten sich kühl und trocken gelagert in der Regel bis zu zwei Jahre. Danach nimmt die Keimfähigkeit ab.

### SO GEHT'S:

1. Nach ein paar regenfreien Herbsttagen sind die Samenstände nahezu trocken. Dann ist der ideale Zeitpunkt zum Ernten der Fruchtstände gekommen. Mit der Schere trennst du die Samenkapseln oder Dolden vom Stängel ab.

2. Nun steckst du sie direkt in eine große Papiertüte. Das ist deshalb sinnvoll, da schon beim Ernten erste Samen aus ihrer schützenden Hülle herausfallen und ohne Behältnis verloren gehen. Achte darauf, pro Tüte nur eine Sorte Samenstände zu sammeln.

3. Danach kannst du die Fruchtstände aus der Tüte nehmen und die Samen über einem Blatt Papier von der Hülle trennen. Durch vorsichtiges Pusten fliegen die leichten Samenhüllen vom Papier und lassen die schweren Samen dort zurück.

4. So bearbeitet müssen die Sämereien nur noch ein bis zwei Wochen im Haus oder in der Gartenhütte vollständig trocknen.

5. Erst wenn sie ganz trocken sind, werden sie in ein Papiertütchen gefüllt. Du solltest nicht vergessen, die Samentütchen mit dem Namen der Pflanze, dem Erntejahr und der Blütenfarbe zu beschriften.

6. Zum Schluss kannst du die Tütchen in eine Aufbewahrungsbox sortieren. So hast du sie schnell wieder griffbereit, wenn du sie brauchst.

## BLUMENZWIEBELN

Von Ende September bis zum ersten Frost ist die beste Zeit, um Blumenzwiebeln zu stecken. Die warmen Tage gehen langsam zu Ende und kühle Temperaturen verhindern ein zu frühes Treiben der Zwiebelgewächse.

Es gibt eine große Auswahl an verschiedensten Zwiebelblumen – von den früh blühenden Schneeglöckchen, über Narzissen und Tulpen bis hin zu eher unbekannten und erst im späten Frühjahr blühenden Sorten, wie der Prärielilie. Aber nicht jede Zwiebel ist für jeden Standort geeignet. Auch hier ist es wichtig, die Ansprüche der Zwiebeln zu kennen. Auf den Verpackungen lässt sich recht einfach in Erfahrung bringen, welche Anforderungen die jeweiligen Zwiebeln an den Boden, die Feuchtigkeit und das Licht stellen. Deshalb empfehle ich dir, dich vor dem Kauf zu informieren. Sonst könnte die Enttäuschung im Frühjahr groß werden.

## ZWIEBELBLUMEN FÜR VERSCHIEDENE LICHTVERHÄLTNISSE

**Sonne & Halbschatten:** Blaustern, Hyazinthe, Kaiserkrone, Krokus, Milchstern, Narzisse, Prärielilie, Schneeglöckchen, Schneestolz, Traubenhyazinthe, Tulpe, Winterling, Zierlauch

**Schatten:** Hyazinthe, Narzisse, Schneeglanz, Schneeglöckchen, Traubenhyazinthe, Winterling

### TIPP

Viele Tulpen verschwinden bereits nach zwei bis drei Jahren wieder. Standfeste Sorten, von denen man länger etwas hat, sind Darwin-Tulpen, die es in verschiedenen Farbvarianten gibt.

Tulpenmischung

Tulpe 'Queen of Night'

## 4 Tipps zum Pflanzen von Blumenzwiebeln

**1** Achte bereits beim Kauf auf die **Qualität** der Zwiebeln! Prüfe mit deinen Fingern, ob sie noch schön fest oder bereits weich sind. Diese Zwiebeln solltest du besser liegen lassen. Auch mit der Nase erkennst du, ob die Zwiebeln noch gut sind. Rieche an der Packung, ob sich ein unangenehmer Geruch erkennen lässt. Und letztlich solltest du die Zwiebeln auf Fäulnis und Schimmel absuchen. Du siehst sehr schnell, wenn sie nicht mehr tauglich sind. Sicherheitshalber pflanzt du nur Blumenzwiebeln, die deine Qualitätskontrolle passiert haben. So minimierst du das Einschleppen von Krankheiten in deinen Garten.

**2** Die meisten Zwiebeln mögen **keine Staunässe**, da sie sonst zu faulen beginnen. Deshalb solltest du schwere, lehmige Böden vor der Pflanzung mit etwas Sand, Splitt und Kompost durchlässiger machen.

**3** Auch das **Werkzeug** zum Pflanzen ist wichtig. Zum Pflanzen größerer Zwiebeln bietet sich ein Zwiebelpflanzer an. Mittlerweile gibt es auch schon elektrische Varianten. Kleinere Zwiebeln lassen sich gut mit einer Pflanzkelle in den Boden bringen.

**4** Beachte beim **Pflanzen** der Zwiebeln folgende Faustregel: Pflanze sie dreimal so tief, wie sie groß sind, und dreimal so weit voneinander entfernt. Dann sind sie optimal gesetzt und du erlebst im nächsten Gartenjahr ein wahres Blühwunder.

PFLANZPLAN

## WILDES SOMMERBLUMENSPEKTAKEL

Mit deinem selbst gewonnenen Saatgut lassen sich wunderbar Zufallsbeete anlegen, die mit ihrem Blütenreichtum und ihrem wiesenartigen wilden Charakter deinen Garten unglaublich bereichern werden.

**Standort:** Sonne

**Maße:** 4 m²

**Boden:** humos; frisch

### TIPP

Dieses Beet eignet sich gut als Zwischenbepflanzung, bis du dir mit der Planung deines Staudenbeetes sicher bist. Im nächsten Herbst sind alle Einjährigen verblüht und das Beet ist dann frei für deine sorgfältig geplante Stauden- oder Mischpflanzung.

Verschiedene Sorten Kornblumen und verschiedene Sorten Kalifornischer Mohn

1 Möchtest du ein Zufallsbeet im September anlegen? Dann verwende das Saatgut der Cool Flowers. Für ein Zufallsbeet mit nicht frostfesten Einjährigen, folge derselben Anleitung Ende Mai.

2 Befreie ca. 4m² Beet von Unkräutern und raue die obere Bodenschicht mit einem Rechen auf.

3 Danach werden 40g unterschiedliche Samensorten mit Sand vermischt.

4 Streue das Gemisch auf die Erde. Der Sand lässt dich beim Ausbringen des Sand-Samen-Gemisches auf deinem dunklen Gartenboden erkennen, wo du bereits gesät hast.

5 Dann musst du nur noch eine leichte Schicht Erde aufbringen und alles mit den Füßen verdichten.

6 Zum Schluss darfst du die Erde vorsichtig angießen. Achte in den nächsten vier bis sechs Wochen unbedingt darauf, dass der Boden nicht austrocknet. Sonst geht die Saat nicht auf!

3

4

5

6

DO IT YOURSELF

## TULPEN-WUNDER IM TOPF

Damit du im Frühjahr deinen Topfgarten mit üppigen Zwiebelblumenarrangements bereichern kannst, zeige ich dir jetzt, wie du mit der Lasagne-Methode (mehrere Schichten an Zwiebeln) wahre Blütenexplosionen erschaffen kannst.

Das benötigst du:

**Material:** Tulpenzwiebeln, durchlässige torffreie Erde, Sand, Splitt, Töpfe

**Werkzeug:** Pflanzkelle

Boden: humos bis sandig; eher trocken

## SO GEHT'S:

1 Fülle ca. 5cm Drainagematerial (Tonscherben, Tongranulat, Splitt, Kies etc.) in einen Topf mit Abflusslöchern, damit die Zwiebeln nicht im Wasser stehen.

2 Dann füllst du eine kleine Schicht Erde, die mit Sand oder Splitt im Verhältnis 3:1 gemischt wurde, in den Topf.

3 Setze die Zwiebeln mit einem Fingerbreit Abstand auf die Erde. Achte darauf, dass die Unterseite mit den Wurzelansätzen den Boden berührt.

4 Fülle den Topf weiter mit Erde auf, bis keine Zwiebeln mehr zu sehen sind. Dann setze die nächste Schicht der Zwiebeln in die Erde und fülle anschließend den Topf komplett mit Erde auf.

5 Stelle ihn unter einen Baum oder an eine Hauswand, sodass nur wenig Regen dorthin gelangt, und lasse ihn dort bis zum Frühjahr stehen.

6 Wenn im Frühjahr die ersten Spitzen der Triebe zu sehen sind, kommt der Topf an seinen Bestimmungsort und wird nun regelmäßig gegossen und gedüngt.

3

4

5

6

### TIPP

Wenn du Zwiebeln in Töpfe pflanzt, musst du besonders auf die Gesundheit der Zwiebeln achten. Im Topf verbreiten sich Krankheiten leichter.

## RASTLOSIGKEIT IM GARTEN

Vermutlich geht es dir manchmal auch so: Du sitzt im Garten und möchtest es dir richtig gemütlich machen und schon entdeckst du unerledigte Aufgaben. Rasch schneidest du etwas Verblühtes ab, pikierst Sämlinge und kehrst die Gartenwege. Ehe du dich versiehst, bist du wieder ganz in der Gartenarbeit versunken. Sofern du achtsam gärtnerst, ist das schon mal ganz gut! Dann kann zumindest dein Kopf entspannen. Es ist jedoch auch wichtig, dass du deinen Körper entspannen lässt. Nur so kannst du dauerhaft deinen (Garten-)Alltag bewältigen.

## INNERE ANTREIBER BEI DER GARTENARBEIT

Oft sind innere Antreiber schuld an dem ruhelosen Verhalten. Das sind verinnerlichte Glaubenssätze, die irgendwann von den Eltern oder anderen wichtigen Bezugspersonen übernommen wurden und meist lebenslang aktiv bleiben. Diese Antreiber helfen dir im Alltag voranzukommen. Wenn sie allerdings übermächtig werden und du sie nicht mehr bewusst kontrollieren kannst, versetzen sie dich in Stress und dieser kann dich auf Dauer krank machen. Daher ist es wichtig, dass du deine inneren Antreiber gut kennst. Im Infokasten habe ich sie dir zusammengestellt. Kommen dir einige dieser Aussagen und Beispiele bekannt vor?

Viel leichter geht die Arbeit mit Helfer*innen voran. Deshalb solltest du dich nicht scheuen Hilfe zu holen, wenn es etwas zu viel wird.

## INNERE ANTREIBER MIT (GARTEN-)BEISPIELEN

1 **Sei perfekt!** (Kein Unkraut und nichts Verblühtes darf den Garten verunstalten.)

2 **Sei gefällig!** (Der Garten soll anderen gefallen, auch wenn man ihn selbst gern anders hätte.)

3 **Streng dich an!** (Eine Gartenarbeit jagt die nächste. Alles muss mit vollem Einsatz erledigt werden, auch wenn man nicht mehr kann.)

4 **Sei stark!** (Schwere und zeitaufwendige Gartenarbeiten werden ohne Hilfe erledigt.)

5 **Beeil dich!** (Einpflanzen, jäten, dekorieren – alles muss schnell und sofort erledigt werden.)

Schon beim Lesen dieser Antreiber fällt auf, dass ein „Zuviel des Guten" ein enormes Ausmaß an Stress bedeuten kann. Wenn du weißt, zu welchen dieser inneren Antreiber du neigst, kannst du sie im positiven Sinne nutzen. Deshalb versuche in dich hineinzuhören, was dich von deiner wohlverdienten Entspannung abhält.

Damit du die Kontrolle über deine Antreiber behalten kannst, gibt es ein paar Tipps:

- Achte auf deine Gefühle, die im Garten aufkommen. Gerade negative Emotionen zeigen, wenn dich etwas stresst, und können auf innere Antreiber hindeuten.
- Lerne deine inneren Antreiber kennen! Beobachte dich selbst oder frage Menschen, die dich gut kennen.
- Erkenne positive Aspekte deiner Antreiber. Was hast du mit ihnen im Garten schon geschafft?
- Finde für dich neue hilfreiche Glaubenssätze (z.B. „Auch ein Shabby-Garten sieht klasse aus!" oder „Naturgärten sind im Kommen!"), die du dir immer wieder sagst, wenn die antreibenden Glaubenssätze deine Gedanken beherrschen.
- Gehe aus der Situation raus, die deine inneren Antreiber übermäßig anspricht, und widme dich erst einmal anderen Gartenthemen.
- Versuche, gut für dich zu sorgen, und nutze die bereits kennengelernten Entspannungstechniken.

So gewappnet schaffst du es sicherlich besser, den Liegestuhl zu genießen. Vielleicht besorgst du dir noch ein gutes Buch oder schöne Musik, die dich weiter entspannen lassen. Und vielleicht findest du noch etwas Zeit, deinen Garten schön zu machen und kreativ zu werden. Auch das tut gut.

Bauernhortensie Endless Summer® 'The Bride', Schneeballhortensie 'Annabelle'

# Oktober

**Der Oktober gehört zu den schönsten Monaten im Gartenjahr.** Wieder verändert sich dein Herzensort radikal. Die Blätter leuchten durch die niedrig stehenden Strahlen der Sonne in den schönsten Farben. Es ist, als ob sich deine Oase noch einmal herausputzt und ihre Schönheit zelebriert, bevor sie in einen tiefen, matschig-braunen Winterschlaf verfällt. Doch vorher zeigt sie mit den Farben Gelb, Orange und Rot ein ganz neues, warmes Farbkonzept. Jetzt gibt es einiges zu tun! Aktiviere deine Vorfreude, denn nun kannst du deine Oase weiter für das nächste Jahr vorbereiten. Wie wäre es mit dem Pflanzen von Rosen? Wie ich finde, ein schöner Grund, um dich in der bunten Herbstwelt und an der frischen Luft aufhalten zu können.

**Das wird dich aktivieren, erfrischen und macht dich fit für die kommende dunkle Jahreszeit.**

## DAS IST IM OKTOBER ZU TUN

- ○ „Dead-Heading" – Verblühtes bei Sommerblumen entfernen
- ○ Töpfe herbstlich bepflanzen
- ○ Pflanzen in Töpfen regelmäßig düngen
- ○ Blumenzwiebeln kaufen
- ○ Blumenzwiebeln in Beete pflanzen
- ○ Töpfe mit Blumenzwiebeln für das nächste Jahr bepflanzen
- ○ Samen ernten
- ○ Cool Flowers säen
- ○ Stauden kaufen
- ○ Stauden pflanzen
- ○ Stauden teilen
- ○ Bäume und Sträucher kaufen
- ○ Bäume und Sträucher pflanzen
- ○ (wurzelnackte) Rosen pflanzen
- ○ vor dem ersten Frost Begonien, Pelargonien und andere frostempfindliche Pflanzen einlagern.
- ○ nach dem ersten Frost Dahlien einlagern

GARTEN WISSEN

## BLÜH AUF MIT DER KÖNIGIN DER BLUMEN!

Sie darf in keinem Blumengarten fehlen! Die Rose ist die Königin der Blumen und zudem eine wahre Hitzekünstlerin. Mit ihren Pfahlwurzeln kommt sie trotz langer Hitzeperioden immer noch an genügend Wasser. Was wäre dieses Buch ohne ein Wort über die wahre Königin des Blumengartens?

Strauchrose 'Schneewittchen', Strauchrose 'Olivia Rose Austin', Strauchrose 'Munstead Wood', Echter Salbei, Katzenminze 'Walkers Low', Woll-Ziest

## WURZELNACKTE ROSEN PFLANZEN

Die Monate Oktober bis April sind ideal zur Pflanzung von Rosen. In dieser Zeit kann man die Sträucher wurzelnackt beziehen und erhält sie damit günstiger als die aufwendig produzierte Topfware. Deshalb heißt es nun zugreifen und pflanzen. Möchtest du Rosen mit Stauden und Einjährigen kombinieren, empfehle ich Beet- oder Strauchrosen. Sie sind in der Regel sehr wüchsig und können mit den schnell wachsenden Stauden mithalten. So gehen sie in Beeten und Topfpflanzungen nicht unter.

1 Kürze die Wurzeln auf ca. 20 cm ein und lege die komplette Pflanze für ein paar Stunden ins Wasser.

2 Grabe ein Loch, das groß genug ist, das gesamte Wurzelwerk aufzunehmen. Zudem muss es so tief sein, dass die Veredelungsstelle der Rose, eine Verdickung oberhalb des Wurzelansatzes, ca. 5 cm tief unter der Erde sitzt.

3 Setze die Rose in das Pflanzloch und lege einen Holzstab waagerecht über das Loch. So erkennst du, ob die Veredelungsstelle weit genug unter der Erde liegt.

4 Danach wird das Loch mit der ausgehobenen Gartenerde und Kompost aufgefüllt. In das Pflanzloch kann zusätzlich organischer Dünger eingebracht werden.

5 Gieße die Rose im Anschluss gut an, damit die Erde die Wurzeln fest umschließt.

### TIPP

Verwende nie anorganischen Dünger bei deinen Rosen. Die Triebe wachsen sonst zu schnell, reifen nicht gut aus und werden anfällig für Krankheiten und Schädlinge.

## REMONTIERENDE STRAUCH- UND BEETROSEN SCHNEIDEN

Beim Rosenschnitt solltest du darauf achten, welche Rosen du im Einzelnen gepflanzt hast. Auf die Art und Weise, wie ich dir den Rosenschnitt erkläre, schneide ich nur öfter blühende Strauch- und Beetrosen, die sehr wüchsig sind und bis in den Herbst hinein Blüten produzieren.

### Keine Angst vorm Rosenschnitt

Im Frühjahr, wenn die Forsythie blüht, werden Rosen geschnitten. Das ist in der Regel Mitte März. Als Faustregel gilt: Ein starker Rückschnitt fördert einen starken Austrieb, ein schwacher Rückschnitt einen schwachen Austrieb. Ziel des Schnitts von Beet- und Strauchrosen sind viele Triebe mit vielen Blüten, deshalb solltest du die ersten Jahre stark zurückschneiden, damit viele Triebe gebildet werden.

Totholz sollte als Erstes entfernt werden, denn es ist eine ideale Brutstätte für Pflanzenkrankheiten. Ist dies geschehen, werden die Triebe der Rose einen halben Zentimeter oberhalb eines nach außen stehenden Auges beschnitten. Damit ist ein rötlich schimmernder Punkt oberhalb einer Blattachsel gemeint, aus dem die neuen Triebe aufgehen. Damit die Rose neue Blüten bildet, solltest du auch regelmäßig Verblühtes oberhalb eines Auges abschneiden.

Sind mit den Jahren ausreichend Triebe gebildet, empfehle ich dir, die Rose wie eine Halbkugel zu formen. Außen schneidest du also stärker und zur Mitte hin weniger stark zurück. Das hat den Vorteil, dass die Blüten auch an den Seiten aufgehen und die Rose nicht nur oben blüht – also „nackte (blütenlose) Beine“ bekommt.

Edelrose 'Schloss Ippenburg', Strauchrose 'Olivia Rose Austin', Strauchrose 'Munstead Wood', Echter Salbei, Katzenminze 'Walkers Low', Woll-Ziest

**TIPP**

Es gibt auch Rosensorten, die gut ein paar Jahre im Topf gehalten werden können. Dazu brauchst du nur einen möglichst hohen Topf, der für die Pfahlwurzel genug Raum zum Wachsen lässt.

PFLANZPLAN

## KLEINER TROCKENHEITS-RESISTENTER ROSENGARTEN

Rosen sind die idealen Hitzekünstlerinnen für deinen Garten und lassen sich zudem wunderbar mit Stauden kombinieren. Wie wäre es, wenn du gleich ein kleines Rosengärtchen dein Eigen nennen könntest? Am besten so zusammengestellt, dass in ein paar Jahren nicht mehr gegossen werden muss.

**Standort:** Sonne

**Maße:** 4 Beete à 2 × 2 m mit integriertem Wegekreuz

**Boden:** lehmig bis humos; frisch bis trocken

### TIPP

Rosen mögen lehmigen Boden, im Gegensatz zu trockenheitsliebenden Begleitpflanzen, die es eher sandig brauchen. Du solltest beim Pflanzen also viel Sand und Splitt in das Pflanzloch geben.

### BEETPLAN

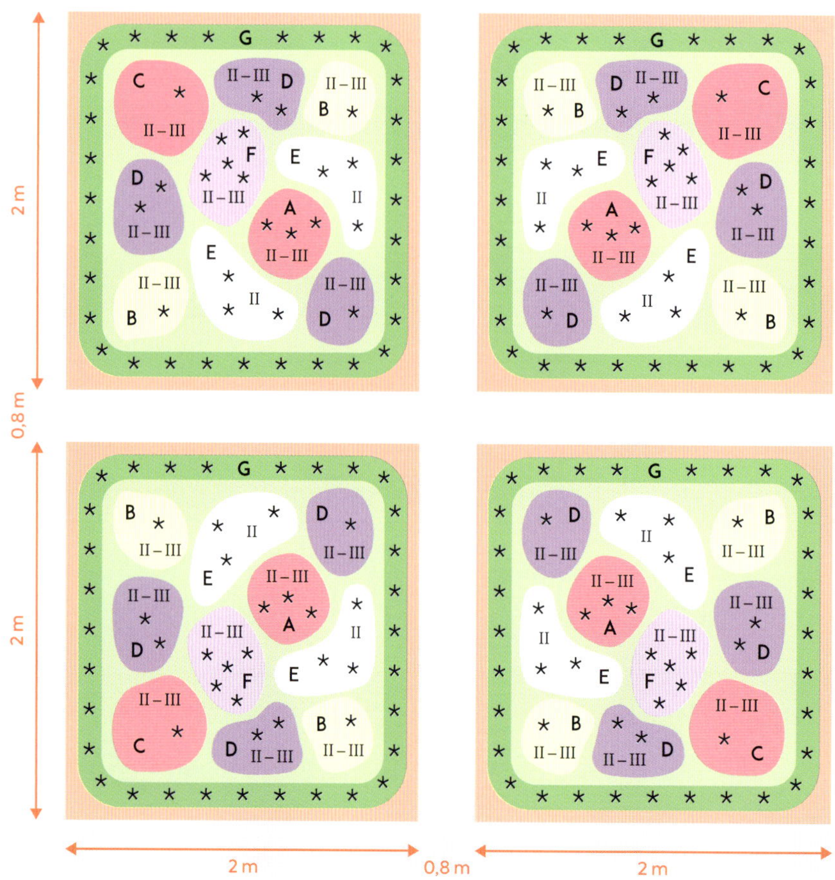


**Sterne**
Anzahl der Pflanzen

**Römische Zahlen**
**I:** Frühling
**II:** Sommer
**III:** Herbst
**IV:** Winter

A ROSA 'OLIVIA ROSE AUSTIN'
Strauchrose 'Olivia Rose Austin'
**Menge:** 12 Stück

B ROSA 'KEW GARDENS'
Strauchrose 'Kew Gardens'
**Menge:** 8 Stück

C ROSA 'GERTRUDE JEKYLL'
Kletterrose 'Gertrude Jekyll'
**Menge:** 4 Stück

An den äußeren Ecken braucht die Kletterrose 'Gertrude Jekyll' einen Obelisken oder eine andere Stützhilfe. Sie soll den restlichen Rosengarten mit ihrer Schönheit überragen.

D NEPETA FAASSENII 'BLUE WONDER'
Katzenminze 'Blue Wonder'
**Menge:** 20 Stück

E STACHYS BYZANTINA 'SILVER CARPET'
Woll-Ziest 'Silver Carpet'
**Menge:** 24 Stück

F VERBENA BONARIENSIS
Patagonisches Eisenkraut
**Menge:** 20 Stück

G TAXUS BACCATA 'RENKE'S KLEINER GRÜNER'
Eibe 'Renke's kleiner Grüner'
**Menge:** 184 Stück (für eine Heckeneinfassung 6 Stück pro m²)

DO IT YOURSELF

## HERBSTLICHER HORTENSIENKRANZ

Ab September verfärben sich die Blütenbälle der Hortensien grün oder rosa und die einzelnen Blütenblätter werden merklich ledriger. Dieser Zustand ist ideal für die floristische Verarbeitung, denn nun trocknen die Hortensien formstabil am Kranz ein und brauchen in diesem Arrangement kein Wasser mehr.

### Das benötigst du:

**Material:** Strohrömer, Hortensienblüten, Bindedraht, Kerzenstecker, Kerzen, Äpfel, Bastschale

**Werkzeug:** Gartenschere, Schere

### Haltbarkeit:

Wenn der Kranz nicht dem Wetter ausgesetzt ist, ist er durchaus zwei bis drei Jahre nutzbar, zumindest wenn er eingetrocknet ist.

## SO GEHT'S:

**1** Beginne damit die großen runden Blüten vorzubereiten und sie in kleinere Segmente mit etwas Stiel zu schneiden. Nutze hierzu eine einfache Haushalts- oder Blumenschere. Damit kommst du gut zwischen die kleinen Stängelchen.

**2** Wickle den Bindedraht an einer Stelle um den Strohkranz mehrfach herum, sodass er sich nicht mehr lösen kann. Hier beginnst du mit dem Binden.

**3** Du nimmst zwei oder drei der Blütenteile und legst sie mit dem Stiel in eine Richtung am Kranz entlang an. Im nächsten Schritt wickelst du den Draht so um den Kranz, dass die Stiele mitgefasst und fixiert werden.

**4** Dann nimmst du weitere Blütenteile und legst sie auf die Stängel der bereits gebundenen und wiederholst den Vorgang rund um den Kranz.

**5** Achte darauf, dass in jeder Reihe der Kranz von außen bis innen gut mit Hortensienblüten bedeckt und kein Stroh mehr zu sehen ist. Kommst du beim Binden wieder an den Anfang zurück, musst du aufpassen, dass du nur die letzten Stängel fixierst und nicht die bereits gebundenen Blütenteile.

**6** Fixiere den Draht auf der Rückseite des Kranzes, indem du ihn mehrfach unter einem bereits gewickelten Drahtteil hindurchführst. Danach kannst du den Kranz in einer Bastschale mit Kerzen und Äpfeln dekorieren.

### TIPP

Damit deine Hortensien im nächsten Jahr ganz sicher blühen, solltest du die Blüten nur oberhalb des ersten Blattes nach der Blüte abschneiden.

1

2

3

4

SELF CARE

## AKTIVIERENDE FARBEN UND LICHT

Der Oktober ist gespickt mit warmen Farben. Viele der Bäume, Sträucher und Stauden verwandeln ihr bis dato grünes Blattwerk in ein Sammelsurium an Rot-, Orange- und Gelbtönen. Auch Nuancen von Pink und Lila kann man entdecken. Beeren und andere Früchte und so manche Blüte stimmen ebenfalls in den Farbreigen ein.

## WARME FARBEN

Gerade jetzt, bevor es in die düstere und eher farblose Jahreszeit geht, macht dir die Natur mit den warmen Farben ein hilfreiches Geschenk. Diese Farben beleben dich, machen dich aktiv und fröhlich. Sie pushen deine Seele! Das ist gerade vor den tristen Wintermonaten unglaublich wichtig.

Warme Farben erregen unsere Aufmerksamkeit. Besonders die Farbe Gelb ist international als Warnfarbe bekannt, da sie eine besonders hohe Anzahl der Sinneszellen im Auge erregt und damit ein Feuerwerk an Informationen in unser Gehirn schickt. Die Aufmerksamkeit steigt! Auch Rot aktiviert viele der Sinneszellen im Auge, die als Zapfen bezeichnet werden und für das Farbsehen verantwortlich sind. Allerdings werden bei dieser Farbe schon deutlich weniger Zapfen aktiv. Für die Farbe Blau sind übrigens am wenigsten Zapfen aktiv, was einer der Gründe dafür sein kann, dass Blau eine entspannende Wirkung nachgesagt wird.

## FARBPSYCHOLOGIE DER AKTIVIEREND WIRKENDEN FARBEN

| Farbe | Bedeutung | Wirkung |
|---|---|---|
| Rot | Feuer, Blut, Liebe, Leidenschaft, Wut, Durchsetzungsvermögen | aktiviert, gibt Kraft und motiviert |
| Orange | Freude, Begeisterung, Geselligkeit, Originalität, Aktivität, Optimismus | macht optimistisch und regt den Appetit an |
| Gelb | Fröhlichkeit, Freude, Spaß, Optimismus | steigert die Konzentrationsfähigkeit, macht glücklich und aktiv |

### Tipps für eine Oase mit belebenden Farben

Damit der Herbst in deinem Garten, auf deiner Terrasse oder auf deinem Balkon belebend und aktivierend wird, habe ich dir ein paar Tipps zusammengestellt, die den Farbreigen aktiv in deinen Herzensort bringen.

- Achte auf den Herbstaspekt und pflanze Bäume, Sträucher und Stauden, die im Vergehen besonders starke Farben ausbilden.

- Pflanze Bäume, Sträucher und Stauden, die farbige Früchte und Samenstände ausbilden.
- Tausche triste Töpfe im Herbst gegen knallige lila, pinke, rote, orangene oder gelbe Töpfe aus. Diese ergänzen das Farbspiel der Pflanzen.
- Tausche Kissen, Tischdecken und Wolldecken, die du im Garten nutzt, gegen lila, pink, rot, orange oder gelb gefärbte Textilien aus.
- Nutze für deine Gartendekorationen Pflanzen und Materialien des warmen Farbspektrums.
- Bepflanze deine Töpfe mit Pflanzen, deren Laub oder Blüten in warmen Farben leuchten.
- Gestalte ein Beet mit Blüten aus dem warmen Farbspektrum. So hast du den belebenden Effekt das ganze Jahr über.

## WIRKUNG VON LICHT

Neben den weniger werdenden Farben im Blumenbeet ist auch das schwindende natürliche Licht verantwortlich für den Winterblues, der es dir in den dunklen Monaten ganz schön schwer machen kann. Die Melatonin-Konzentration steigt im Winter deutlich an, denn je weniger Licht über den Tag verteilt auf deine Sinneszellen trifft, desto mehr dieses Hormons sammelt sich im Körper an. Dann wirst du müde und antriebslos und möchtest am liebsten nur noch schlafen. Empfindliche Menschen können im Winter sogar depressiv verstimmt werden. Deshalb verbringe jetzt möglichst viel Zeit in deinem Garten. Tanke Licht und aktivierende Farben. Das wird dir guttun!

# FARBEN
## BEWUSST WAHRNEHMEN

Gehe langsam durch deinen Garten und suche ein schön gefärbtes Blatt mit warmem Farbton. Welche Farbe hast du dir ausgewählt? Ist es ein eher sanfter oder greller Farbton? Was verbindest du damit? Erinnert er dich an etwas? Was löst dieser Farbton in dir aus? Welches Gefühl steigt in dir auf? Nimm alles bewusst wahr und spüre den Moment!

Schneeballhortensie 'Annabelle'

Rispen-Hortensie 'Phantom', Scheinsonnenhut 'Fountain Pink Eye', Wermut 'Silver Queen', Salbei, Steppen-Salbei 'Caradonna'

Fetthenne 'Herbstfreude', Chinaschilf 'Kleine Fontäne'

Purpurglöckchen 'Shanghai', Knospenheide 'Sunset Girls Fluffy', Greiskraut 'Angel Wings'

# November

**Der November bringt die ersten dunklen und grauen Tage des ausklingenden Jahres.** Die Tage werden immer kürzer, die belebenden bunten Blätter haben die Bäume verlassen und die ersten Fröste ziehen durch den Garten. Gerade jetzt wird es besonders wichtig, deinen Herzensort mit anregenden Dekorationen aufzuhübschen und ihn für den Winter attraktiv zu machen. Denn auch zu dieser Jahreszeit soll er seinen Wohlfühl-Charakter nicht verlieren! Die verbleibenden Skelette der Stauden sind eine wunderbare natürliche Dekoration und machen keine Mühe. Bevor du jedoch aktiv wirst und dein grünes Refugium für die Winter- und Weihnachtszeit dekorierst, solltest du es für die kalte Jahreszeit vorbereiten. Nicht winterharte Pflanzen müssen vor den ersten Frösten gerettet, empfindliche Dekorationen eingelagert und die sprengende Kraft von Eis vereitelt werden.

**Sobald all das erledigt ist, darfst du es dir wieder im Warmen gemütlich machen und deine Oase weiter planen.**

## DAS IST IM NOVEMBER ZU TUN

- ○ Blumenzwiebeln pflanzen
- ○ Samen ernten
- ○ Bäume und Sträucher kaufen
- ○ Bäume und Sträucher pflanzen
- ○ vor dem ersten Frost Begonien, Pelargonien und andere frostempfindliche Pflanzen einlagern
- ○ nach dem ersten Frost Dahlien einlagern
- ○ Töpfe winterlich bepflanzen
- ○ Töpfe frostsicher machen
- ○ Miniteich auflösen
- ○ Staudenskelette aus Töpfen entfernen
- ○ Stauden teilen
- ○ empfindliche Dekorationsgegenstände ins Haus bringen
- ○ Garten und Beete planen

## DAS GROßE GANZE

Damit dein Garten nicht nur punktuell zu einem Hingucker wird, solltest du das große Ganze nicht aus den Augen verlieren. Mit ein paar Tricks lässt sich dein Garten zu einem attraktiven Gesamterlebnis verschmelzen. Dabei spielt der Gegensatz von Ruhe und Aktivierung eine wichtige Rolle. Mit beruhigenden Elementen und Arbeiten wird deine Oase zu einem harmonischen Zufluchtsort. Im Gegensatz dazu braucht es auch Aktivierung. Etwas, das Aufmerksamkeit schafft, motiviert und stimuliert. Beide Prinzipien sollten in Form von Struktur, Farbe, Pflanzen usw. in deinem Herzensort Verwendung finden. Wie das geht, zeige ich dir jetzt!

## DAS BRINGT RUHE IN DEN GARTEN

### Die passende Form für deine Blütenfülle

Formen spielen im Garten eine wichtige Rolle. Hauptsächlich werden Kreise oder Vierecke genutzt, um einen Garten zu gestalten. Aber auch andere geometrische Formen sind möglich. Damit der Garten nicht zu unruhig wird, sollte man nicht zu viele verschiedene Formen integrieren. Damit steht zu Beginn der Gartenplanung die Frage im Raum, ob man eher einen geradlinig strukturierten Garten haben möchte oder geschwungene Formen bevorzugt. Wenn die Entscheidung gefallen ist, werden Beete, Wege, Plätze, Formgehölze und das Interieur danach ausgewählt oder gestaltet.

### Stimmige Proportionen

Sind die Entscheidungen gefallen, was in den Garten implementiert wird, muss überlegt werden, welche Größe diese Bereiche im Garten einnehmen sollen. Möchte man beispielsweise einen Sitzplatz in den Garten integrieren, sollte er in Bezug auf das Gesamtverhältnis des Gartens stimmig sein. Sonst entsteht schnell Disharmonie. So wird alles vom Gartenzaun, über Bäume, bis hin zu den verschiedenen Gartenräumen und Plätzen gegenseitig in Bezug gesetzt. Damit das gelingt, hilft der Goldene Schnitt. Er ist eine mathematische Gestaltungsregel zur Aufteilung von Flächen. Wendet man ihn an, wird das Ergebnis von den meisten Menschen als harmonisch empfunden.

## Unterschiedliche Höhen

Bei den Proportionen werden nicht nur Flächen, sondern auch Höhen betrachtet. Ein Garten, der nur auf einer Ebene gestaltet ist, wirkt schnell langweilig oder sogar disharmonisch. Ausschlaggebend hierfür ist auch die Proportion vom Haus zu deinem grünen Refugium. Ist der Höhenunterschied zu groß und nicht stimmig, hilft auch keine schöne Bepflanzung. Damit die Höhen am Ende passen, kann man sich ein gleichschenkliges Dreieck vorstellen, dessen oberer Punkt den höchsten Punkt im Garten symbolisiert. Auf den abfallenden Linien sollten mindestens zwei weitere Punkte liegen, die übertragen Höhe in den Garten bringen. Vom Haus als höchsten Punkt gedacht, könnte ein Baum folgen und danach ein Strauch oder ein Rankgerüst. Bei der Staffelung der Pflanzen in Beeten und Töpfen hast du das bereits bedacht.

## Wiederholungen

Dein Garten sollte unbedingt Wiederholungen bereithalten. Diese schaffen Struktur und bringen Harmonie in deinen Garten. In der Beetgestaltung hast du die Pflanzen in Wiederholung geplant. Das gleiche Prinzip gilt im ganzen Garten für Farben, Formen, Strukturen, Höhenstaffelungen und Materialien. Dabei gilt die Empfehlung, die Zahl „Drei“ nicht zu überschreiten. Das heißt, beispielsweise nicht mehr als drei Hauptfarben zu verwenden, die du bei Sitzmöbeln, dem Gartenhaus, dem Gewächshaus, den Fensterläden, der Hausfassade etc. nutzt. Gleiches gilt für die Farbgestaltung in einem Gartenraum oder in einem Beet bzw. einem Topfgarten.

## DAS BRINGT AKTIVIERUNG IN DEN GARTEN

### Hoher Kontrast

Hast Du schon mal eine Ansammlung von orangenen Pflanzen und dekorativen Gegenständen inmitten von ausschließlich weißen Blüten gesehen? Dieser Kontrast zieht sofort die Aufmerksamkeit auf sich und ein Wegschauen ist unmöglich. Deshalb solltest du immer wieder Kontraste in deinen Garten integrieren. Solche Divergenzen können jedoch nicht nur durch Farben hergestellt werden, sondern beispielsweise auch mithilfe von Formen. Pflanzt man in einen formalen, geradlinigen Garten eine Reihe von kugeligen Formschnittgehölzen, fällt die Veränderung sofort ins Auge. Auch ein roter Stuhl in einer schwarzen Sitzgruppe bricht mit der Harmonie und schafft einen Hingucker.

### Einteilung in Räume

Ist ein Garten nicht auf einen Blick einsehbar, bringt das Lust, den Garten zu erkunden. Die Neugierde wächst und man begibt sich auf eine Entdeckungstour. Deshalb sollte ein Garten nach Möglichkeit nie alles auf einmal offenbaren. Dies gelingt, wenn der Garten in verschiedene Bereiche oder Gartenräume eingeteilt wird, die durch Hecken, Mauern, Beete, Sichtschutzelemente oder geschickt verlaufende Wege voneinander getrennt werden. So wird der Blick blockiert und man muss sich bewegen, um von Raum zu Raum zu gelangen.

### Blickpunkte

Hast du es geschafft, den Garten in Räume aufzuteilen, kannst du die Neugierde auf einen Gartenrundgang weiter erhöhen. Dies gelingt mit Blickpunkten. Blickpunkte sind in diesem Sinne interessante Fixpunkte in der Ferne, die man unbedingt von Nahem betrachten möchte. Idealerweise liegen sie am Ende eines Weges und man erreicht sie recht gut, indem man diesen Weg entlangschreitet. Ergibt sich bei der Erreichung des Fixpunktes ein weiterer Blickpunkt in der Ferne, ist der nächste Zielort klar. So kann man seine Gäste gekonnt durch den Garten führen. Als Blickpunkte eignen sich ein Sitzplatz oder beispielsweise ein kleines Fenster in der Hecke, das einen Einblick in den dahinterliegenden Gartenraum gewährt. Dies gelingt auch auf Terrassen oder Balkonen. Dort genügt in der Regel ein Blickpunkt am Ende des Platzes, zu dem man sich gern hinbewegt.

## Strukturelemente

Ein Garten sollte nicht nur aus Pflanzen bestehen. Da er ein Ort der Erholung ist und in allererster Linie dem Menschen dient, braucht es schöne und attraktive Hingucker, die neben den Pflanzen die Blicke auf sich ziehen. Das können schöne Rankgerüste sein, die vor allem auch Höhe in den Garten bringen, aber auch Pergolen, Zäune, Mauern, Windlichter, Leuchten, Outdoorteppiche, Töpfe, Kübel, Sitzgruppen, Feuerstellen, Outdoorküchen, Gartenhäuser und vieles mehr. Wichtig ist, dass sie zueinander passen und den Garten weiter einteilen, sowohl horizontal als auch vertikal.

## Strukturpflanzen

Auch Pflanzen können Struktur in den Garten bringen und als besonderer Blickpunkt dienen. Formschnittgehölze, wie beispielsweise Eibenkugeln, ordnen wild blühende Beete und lassen das Auge ruhen. Große imposante Pflanzen, wie die Kugel- oder die Eselsdistel ziehen mit ihrer besonderen Wuchsform die Blicke auf sich und machen Beete interessanter. Auch Bäume und Sträucher erfüllen dieses Wirkungsprinzip – besonders dann, wenn sie ausgefallene Blätter, Rinden oder Wuchsformen aufweisen.

## Variable Bereiche

Variable Bereiche lassen sich immer wieder umgestalten und schaffen schnell neue Gartenimpressionen. Das erhöht die eigene Aufmerksamkeit. So finden nicht nur deine Gäste neue Gartensituationen vor, sondern auch dein Blick wird immer wieder auf die veränderte Gestaltung gelenkt. Variable Bereiche können dabei sehr unterschiedlich sein. Töpfe können beispielsweise immer wieder umgestaltet und umgestellt werden. Plätze können mit Möbeln und Töpfen neu arrangiert werden. Beete, die nur mit Einjährigen bestückt sind, können jedes Jahr aufs Neue oder sogar mehrmals im Jahr gestaltet werden. Gartenregale oder -tische bieten sich für verändernde Dekorationen an.

PFLANZPLAN

## WINTERLICHES BLÜTENWUNDER

Für das winterliche Topfarrangement kommst du um eine Pflanze nicht herum: die Christrose! Sie ist die Königin des Winters und blüht vom späten Herbst bis in das Frühjahr hinein. Sie ist genau die richtige Pflanze, um Töpfe in der Winterzeit zu begrünen.

**Standort:** Halbschatten

**Maße:** 9 Töpfe mit ca. 28 bis 42 cm Durchmesser

**Boden:** humos; frisch

A HELLEBORUS NIGER 'PRAECOX'
Christrose 'Praecox'
**Menge:** 15 Stück

B JACOBAEA MARITIMA 'BICOLOR'
Weißfilziges Greiskraut 'Bicolor'
**Menge:** 15 Stück

C LEUCOBRYUM GLAUCUM
Kugelmoos
**Menge:** 15 Stück

## TIPP

Für die Advents- und Weihnachtszeit können Sterne, weihnachtliche Figuren und Laternen aus Zink dazu arrangiert werden. Vielleicht hast du auch noch ein paar Äste übrig, die du locker dazu drapieren kannst. In meinem Beispiel ergänze ich alles mit einem Holzschlitten, der Höhe in das eher niedrig gehaltene Topfarrangement bringt. Jetzt kann der Winter kommen!

DO IT YOURSELF

## WEIHNACHTLICHER TÜRKRANZ

Ende November beginnt die schöne und feierliche Adventszeit. Viele Haushalte zelebrieren die Adventsonntage nicht nur mit Leckereien, sondern auch mit einem selbst gefertigten Kranz aus immergrünen Ästen. Aber auch ansprechende Kränze für den Garten werden immer beliebter. Vielleicht kann ich dich zu einem Adventskranz für den Garten inspirieren?

### Das benötigst du:

**Material:** Strohrömer, Bindedraht, Zahnstocher, Juteschnur, Wacholderzweige mit Beeren, silberne Eukalyptuszweige mit rosa Beeren, kleine lila Granatäpfel, lila Strandflieder, Schneeballzweige mit blauen Beeren
**Werkzeug:** Astschere, Blumenschere

### Haltbarkeit:

In einem geschützten Bereich deiner grünen Oase mehrere Wochen.

## SO GEHT'S:

1 Schneide das Grün und die Blüten in gleich große Segmente. Für die dickeren Äste brauchst du vielleicht eine Astschere. Blüten lassen sich mit einer Blumen- oder einfachen Haushaltsschere einkürzen.

2 Wickle den Bindedraht an einer Stelle mehrfach um den Strohkranz herum, sodass er sich nicht mehr lösen kann. Hier beginnst du mit dem Binden.

3 Nimm von jeder Sorte einen Zuschnitt und lege das so entstandene Sträußchen mit dem Stiel in eine Richtung am Kranz entlang an. Im nächsten Schritt wickelst du den Draht so um den Kranz, dass die Stiele mitgefasst und fixiert werden.

4 Dann nimmst du weitere Zuschnitte zu einem Sträußchen zusammen und legst sie auf die Stängel der bereits gebundenen. Wiederhole den Vorgang rund um den Kranz. Achte darauf, dass der Kranz von außen bis innen gut mit Zuschnitten bedeckt ist und kein Stroh mehr erkennbar ist. Sicher musst du mehrere Sträußchen nebeneinander am Kranz fixieren.

5 Kommst du beim Binden wieder an den Anfang zurück, musst du aufpassen, dass du nur die zuletzt angelegten Stängel fixierst und nicht die bereits gebundenen Blütenteile. Das sieht nicht schön aus! Binde den Draht auf der Rückseite des Kranzes fest, indem du ihn mehrfach unter einem bereits gewickelten Drahtteil hindurchführst.

6 Dann werden die kleinen Granatäpfelchen mit einem Zahnstocher in den Kranz gesteckt. Achte darauf, dass sie schön am Kranz verteilt sind. Zum Schluss wird eine dicke Juteschnur oder ein schönes Band um den Kranz gebunden, an dem er aufgehängt werden kann.

1

2

4

6

## DAS „ICH" ERBLÜHT

Während der letzten Monate hast du viele Möglichkeiten kennengelernt, wie du dich in deinem grünen Refugium entspannen und beleben kannst. Zudem hast du geübt, deine Gefühle besser zu steuern und hast dabei dein Gedankenuniversum bewusst verändert. Ein letztes Mal geht es um deine innere Entfaltung und deine Kreativität, die dein „Ich" und deine Psyche aufblühen und wachsen lässt.

## WACHSTUM UND STÄRKUNG DER PSYCHE

Das Bemerkenswerte ist, dass die Forschung hier tatsächlich den Begriff „Flourishing" nutzt, was mit „aufblühen" übersetzt werden kann. Damit sind ein positives Wachstum und die Stärkung der Psyche gemeint. Forschungen aus dem Bereich „Flourishing" in Verbindung mit Kreativität zeigen, dass diese zu einem positiveren Gefühl und einem Wachstum des „Ich" führen kann. Wenn du also kreativ bist, führt das zu positiven Emotionen. Diese machen sich nachweislich am Tag nach der kreativen Handlung bemerkbar und führen oft zu weiteren kreativen Handlungen. Eine Positivspirale nimmt ihren Lauf.

So wirst du mit den kreativen Ideen aus diesem Buch mit der Zeit immer fantasievoller werden. Deine Kreativität wird wachsen, gedeihen und nebenbei wird sich dein Wohlbefinden am nächsten Tag in Form von positiven Emotionen deutlich steigern. Dadurch ist dein floristisches Werk nicht nur eine Verschönerung für deinen Herzensort, sondern auch eine Verschönerung für deine Seele!

Ich habe für dich ein paar Gedanken der Kreativität in Verbindung mit Garten und Blumen zusammengetragen, mit denen du deine Fantasie weiter anregen kannst.

## KREATIV IM GARTEN

- Entwickle floristische Ideen und setze diese um.
- Gestalte dein grünes Refugium von Grund auf neu.
- Lege ein neues Beet an und lege Wert auf ein entspannendes oder aktivierendes Farbkonzept.
- Nutze Töpfe und Kübel für eine flexible Bepflanzung.
- Nähe Textilien für deinen Garten selbst.
- Baue Gartenhäuser, Pflanzgefäße, Tische, Schränke, Truhen und vieles mehr einfach selbst.
- Male dein grünes Refugium oder einzelne Pflanzen.
- Fotografiere deinen Garten.
- Schreibe über deinen Garten.
- Spreche über deinen Garten.
- Hole dir Anregungen in anderen Gärten.
- Lies Gartenbücher und -zeitschriften.
- Nutze den Garten als Ort deiner kreativen Hobbys.

## DER WOHLFÜHLORT IST AUFGEBLÜHT

Deine Oase ist niemals fertig! Sie verändert sich immer weiter und ist den Lebenskreisläufen unterworfen. Immer wieder vergeht etwas, entsteht neu oder entwickelt sich anders als geplant. Trotzdem entsteht nach einiger Zeit ein Gefühl der Zufriedenheit, auch wenn nicht alles perfekt ist. Wichtig ist, dass du deine Oase als „schön“ empfindest.

Sicherlich hast du schon einmal bemerkt, dass sich eine schöne Umgebung positiv auf dein Wohlbefinden auswirkt. Sie verbessert deine Stimmung, du fühlst dich leichter, ausgeglichener und wohler. Deshalb ist deine Kreativität ein wichtiger Aspekt zur Gestaltung deines Blühwunders, aber auch für dein psychisches Wachstum. Beides bedingt sich!

### Schönes für den Wohlfühlort

Da es um diese Jahreszeit nur wenig Atemberaubendes im Garten zu sehen gibt, empfehle ich dir, den Garten aufzuhübschen und mit etwas Kreativität für besondere Hingucker zu sorgen. Der Wohlfühlort entsteht mit der Ausgestaltung der Umgebung. Deshalb gibt es nun kein Halten mehr. Mach dir den Garten schön, indem du ihn für die Winter- und Vorweihnachtszeit schmückst.

Sammle Moos, Zweige und Beeren, die du für die kommende Saison als Dekorationselemente nutzen kannst. Das bringt dich in Verbindung mit der Natur und heilt allein schon deshalb deine Seele. Wähle als Hauptthema deine Lieblingsfarbe oder bleibe mit deiner Dekoration in den typischen Weihnachtsfarben Rot und Grün. Rot aktiviert und belebt dich schließlich. Diese Erkenntnis solltest du gerade in den Monaten November, Dezember und Januar für dich nutzen.

Ganz nachhaltig findest du rote Beeren und Früchte in deinem grünen Wohlfühlort oder in den Gärten von Familie und Freunden. Sie passen wunderbar in eine klassische und festliche Weihnachtsdekoration. Lass dich inspirieren! Nutze deine Fantasie und Kreativität und mach es dir schön. Blühe auf – auch im Winter!

# Dezember

**Trotz klimabedingter steigender Temperaturen überrascht uns der Dezember immer wieder mit seiner weißen, winterlichen Pracht.** Der erste Schnee kleidet den Garten in ein unschuldiges, weißes Gewand. Eisblumen zieren Staudenskelette und feine Äste von Bäumen und Sträuchern. Nun ist der Garten der Herrschaft des Winters ausgeliefert und wechselt fast wöchentlich zwischen matschig-braunem Einerlei und frostig-zartem Weiß. Nur die weihnachtliche Dekoration mit ihren Rottönen und Lichterglanz leuchtet aus dem Einheitsbrei heraus.

**Jetzt musst du den Garten unbedingt noch aufhübschen, damit er auch im Winter seine bezaubernde Wirkung nicht verliert.**

## DAS IST IM DEZEMBER ZU TUN

- O Töpfe frostsicher machen
- O Staudenskelette aus Töpfen entfernen
- O Staudentöpfe, die im Freien bleiben, schmücken
- O empfindliche Dekorationsgegenstände ins Haus bringen
- O Garten und Beete planen
- O Pflanzen für das nächste Jahr aussuchen und vorbestellen

## SICHERHEIT FÜR TOPF & CO.

Der Dezember steht ganz im Zeichen des Pflanzenschutzes und der Verschönerung des Gartens. Jetzt werden die Töpfe auf Vordermann gebracht und die Knollen eingelagert. Du solltest handeln, bevor starke Fröste drohen! Danach darfst du die frostigen Kunstwerke deines Gartens mit gänzlicher Ruhe genießen.

Wilde Karotte

## WASSER UND EIS

Wasser, das zu Eis gefriert, entfaltet mit seiner einhergehenden Ausdehnung eine unheimliche Kraft, die so manches Gefäß zerbersten lässt. Deshalb solltest du vor den ersten großen Frösten Wasser in Gefäßen wie dem Miniteich oder Regenauffangbehältern leeren und verhindern, dass sie sich erneut mit Schnee oder Regen füllen können.

Knospenheide Gardengirls® 'Liliane'

Das gilt auch für Dekorationsgegenstände, die keinen Ablauf für Wasser haben, wie Vasen, Flaschen oder Töpfe. Am besten reinigst du diese Behälter und bringt sie ins Haus. Größere Behältnisse kannst du mit der Öffnung nach unten im Garten stehen lassen. So kommt kein Wasser ins Innere und die Gefahr des Zerberstens ist erst einmal gebannt.

Auch Wasserleitungen, die direkt im Garten enden, solltest du zu Anfang des Winters entleeren und abdrehen. Am besten prüfst du Anfang November deinen Garten auf mögliche Gefährdungen durch Eis und handelst, bevor lang anhaltende Fröste angesagt sind.

## TÖPFE SICHERN

Nicht jeder Topf ist für die eisigen Temperaturen des Winters gewappnet. Zudem schaden extrem feuchte Winter so mancher Pflanze – vor allem dann, wenn das Wasser im Topf nicht gut abfließen kann und Staunässe entsteht. Deshalb solltest du bereits bei der Bepflanzung deiner Töpfe darauf achten, dass Abflusslöcher nicht verstopfen können. Das verhinderst du mit einer gewölbten **Tonscherbe**, die über das Loch gelegt wird. Selbst über Jahre verdichtete Erde kann dann das Ablaufen des Wassers nicht verhindern.

Zusätzlich kannst du eine Schicht **Splitt** auf den Topfboden geben, bevor du den Topf mit Erde befüllst. Auch das sorgt für einen guten Wasserabfluss.

Jetzt im Winter stellst du nicht winterharte Töpfe oder Töpfe mit empfindlichen Pflanzen am besten auf **Füße**.

Das können speziell für Töpfe vorgefertigte Füße aus Stein oder Terrakotta sein, oder du nutzt Holzreste. Wichtig ist, dass die Töpfe nicht mehr den Boden berühren und das Abflussloch freisteht. So schützt du die Pflanze und den Topf.

Wenn du allerdings auf Nummer sicher gehen möchtest, pflanzt du deine Stauden nur in **winterfeste Töpfe**. So können sie das ganze Jahr über gefahrlos im Freien bleiben.

## KNOLLEN EINLAGERN

Neben Töpfen mit mehrjährigen, frostempfindlichen Pflanzen, müssen auch frostempfindliche Sommerblüher, wie Dahlien (nach dem ersten Frost) aus den Beeten ins Haus gebracht werden. Sie werden jedoch nicht als ganze Pflanze überwintert, sondern nur die Knolle. Am besten gehst du folgendermaßen vor:

1 Schneide die Stängel der Dahlien eine Handbreit über dem Boden ab und hole die Knolle vorsichtig mit einer Grabgabel aus dem Boden.

2 Klopfe die Erde vorsichtig ab und entferne verletzte Knollenteile. Vergiss nicht, sie im Anschluss mit einem Etikett mit dem Sortennamen zu versehen!

3 Lass die Knollen ein paar Tage an einem frostfreien, aber kühlen und dunklen Ort abtrocknen und lege sie anschließend in eine Kiste mit Sand.

4 Decke die Dahlienknollen weiter mit Sand zu und stelle die Kiste an einen frostfreien, aber kühlen und dunklen Ort. Gut geeignet sind Kellerräume oder Erdmieten.

5 Kontrolliere die Knollen alle paar Wochen. Sie sollten weder austrocknen noch schimmeln.

6 Ende März kannst du die Knollen vorziehen, indem du sie in kleine Töpfe mit Erde setzt und regelmäßig wässerst und düngst. Alles auf der warmen Fensterbank! Bis Mitte Mai sind sie gut gewachsen und haben gegenüber den Knollen, die erst dann ins Freie gesetzt werden, einen Wachstumsvorsprung und blühen viel früher.

### TIPP

Auch Begonien-Knollen kannst du in dieser Form einlagern. Sie müssen jedoch schon vor dem ersten Frost ins Haus gebracht werden.

PFLANZPLAN

## SCHÖNHEITSKUR FÜR STAUDENTÖPFE

Stauden wie Funkien, die du bereits im Juni dauerhaft in Töpfe gepflanzt hast, sehen in der Winterzeit meist trostlos aus. Viele der Stauden ziehen sich im Winter in die Erde zurück und es bleiben nur noch abgestorbene Stängel und Blätter übrig. Das sieht weder interessant noch schön aus. Deshalb empfehle ich dir eine kleine und wenig aufwendige Schönheitskur für deine Staudentöpfe, die sie selbst im Winter attraktiv aussehen lässt.

**Das benötigst du:**

**Material:** Kugelmoos oder Flachmoos, Tannenzapfen, Tannenzweige, Früchte

**Haltbarkeit:**

Hält den ganzen Winter über.

### TIPP

Du kannst die mit Blumenzwiebeln bepflanzten Töpfe ebenfalls mit Moos und anderen natürlichen Materialien dekorieren. Dann gibt es im Garten gar keine „nackten" Töpfe mehr.

## SO GEHT'S:

**1** Als Erstes entfernst du alle abgestorbenen Staudenskelette aus den Töpfen. Nun ist nur noch die blanke Erde übrig. Das lässt die Töpfe zwar ordentlicher aussehen, macht sie jedoch nicht schöner.

**2** Damit auch diese Töpfe über den Winter attraktiv aussehen, kannst du sie mit dekorativen Materialien befüllen. Ich nutze meist Moos und Tannenzapfen, die die Erde in den Töpfen vollständig bedecken sollen. Du wirst staunen, welchen Effekt diese kleine Veränderung mit sich bringt.

**3** Beim Befüllen der Töpfe kannst du richtig kreativ werden. Du kannst weitere Materialien nutzen, wie Steine, Äpfel, Kastanien, Eicheln, kleine Kürbisse und andere Früchte. Du kannst sie mischen oder jeden Topf mit nur einer Sorte bestücken.

**4** Zu Weihnachten kannst du dann Glaskugeln, Sterne und weihnachtliche Figuren hinzufügen, die sich im Januar schnell wieder entfernen lassen. Deiner Fantasie sind dabei keine Grenzen gesetzt.

**5** Bitte achte darauf, dass die Töpfe spätestens im März wieder von den Dekomaterialien befreit werden müssen. Dann brauchen die Stauden Platz zum Wachsen. Beobachte deshalb ab Mitte Februar deine Töpfe. Sobald erste Triebe erscheinen, solltest du handeln.

**6** Das im Frühjahr aussortierte Moos kannst du wunderbar in die Frühlingsdekorationen integrieren. Wenn das nicht nachhaltig ist!

### TIPP

Hast du noch ein paar leere Töpfe, mit denen ein winterliches Topfarrangement entstehen kann? Dann solltest du gleich loslegen, schließlich verträgt der Garten lebendiges Grün und Blüten auch in der Winterzeit!

DO IT YOURSELF

## DEKORATIVE EISKUCHEN

Der Winter lässt dein grünes Refugium mit Frost, Schnee und Eis in einen langen, tiefen und weißen Winterschlaf verfallen. Gibt es über mehrere Tage Minusgrade, lässt sich das wunderbar für eine frostige Dekorationsidee nutzen. Die Eiskuchen sind nicht nur dekorativ, sondern nutzen nach dem Auftauen auch den Tieren im Garten, sofern sie mit den passenden Leckereien hergestellt werden.

Das benötigst du:

**Material:** Kuchen- oder Muffinformen, Wasser, Beeren, Zieräpfel, Tannenzweige

**Werkzeug:** Gartenschere, Schere

Haltbarkeit:

Solange die Temperaturen nicht über null Grad steigen, bleibt dein Eiskuchen ein wunderschöner Hingucker.

## SO GEHT'S:

1 Nutze Gugelhupf- oder Muffinformen in verschiedenen Größen. Am besten sind Formen aus Silikon geeignet, da sie beim Einfrieren nicht kaputtgehen.

2 Fülle die Formen mit Beeren, (Zier-)Äpfeln und immergrünen Zweigen.

3 Kleinere Formen kannst du vollständig mit den Früchten befüllen und anschließend mit Wasser übergießen. Größere Formen solltest du lagenweise befüllen. Nach der ersten Lage wird so viel Wasser eingegossen, das diese gerade bedeckt ist.

4 Dann stellst du die Formen entweder in die Gefriertruhe oder in den Garten, damit sie vollständig durchfrieren können.

5 Die kleineren Eiskuchen sind nun fertig und du kannst sie aus der Form lösen. Bei den größeren Eiskuchen füllst du die nächste Lage und gibst so viel Wasser dazu, dass sie gerade wieder bedeckt ist. Nun stellst du sie erneut zum Durchfrieren in die Gefriertruhe oder in den Garten. Diesen Vorgang wiederholst du, bis die Form ganz befüllt ist.

6 Sollte sich der Eiskuchen nicht aus der Form lösen lassen, kannst du sie ein paar Sekunden in warmes Wasser stellen. Dann lässt sich der Eiskuchen ganz einfach stürzen.

### TIPP

Eiskuchen aus Gugelhupf-Formen sind mit ihrer Aussparung in der Mitte hervorragend als Kerzenhalter geeignet. So kannst du sie nicht nur dekorativ, sondern auch zweckmäßig in deine Winterdekoration einbinden.

2

3

4

5

## DAS RITUAL DER BEWUSSTEN SEELENPFLEGE

Das Jahr über hast du viele Anregungen für das Erblühen deiner Seele erhalten. Wie ein Garten muss auch sie gut gepflegt werden. Deshalb solltest du darauf achten, dass du das Erlernte immer wieder in dein Bewusstsein rückst.

## BLÜH-AUF-TRAINING

Das gleichzeitige Erblühen von Seele und Garten liegt mir sehr am Herzen. Beides bedingt sich. Das Grün, die frische Luft, das Licht, verbindende Kontakte und vieles mehr sind unheimlich wichtig, um gesund und gut leben zu können. Damit das nicht nur ein zufälliger und eher unbewusster Prozess bleibt, ist es unerlässlich, das Erlernte zu trainieren. So wird es zu deinem alltäglichen Ritual und du kannst die neu erlernten Verhaltensweisen immer, wenn du sie brauchst, bewusst nutzen. Sicherlich nicht nur in deiner Oase!

Bist du gesund, kreativ und motiviert, kannst du deinem Garten, deiner Terrasse oder deinem Balkon viel zurückgeben. Dann macht dir das Pflanzen und Verschönern deines grünen Ortes Spaß, die Pflanzen sind gut versorgt und auch unangenehme Arbeiten lassen sich leichter meistern. Mit deiner aufgeblühten Seele wird auch dein grünes Refugium zu einer Oase erblühen! Garten und Mensch verschmelzen und stützen sich gegenseitig innerhalb dieser „bunten" Symbiose. Das ist das Ziel!

Gemeiner Schneeball

### Tipps fürs Aufblühen

Damit du daran denkst, deinen Seelengarten zu pflegen, habe ich dir ein paar Anregungen zusammengetragen, die dich daran erinnern sollen, dass du eine Symbiose mit deinem Garten eingehen und das Aufblühen des inneren und äußeren Ortes weiter vorantreiben möchtest.

- Plane jeden Tag zur selben Zeit zehn bis fünfzehn Minuten ein, in denen du Seelenpflege betreibst. Dies kann z. B. eine Meditation sein, ein achtsamer Rundgang in deinem Garten oder eine andere Tätigkeit, die dir guttut.
- Platziere überall Erinnerungshelfer (z. B. einen Zettel am Spiegel, einen Stein in der Hosentasche oder ein Tonsignal auf dem Handy), die dich daran erinnern, dass auch deine Seele aufblühen soll.
- Nutze dieses Buch und trainiere das in dem jeweiligen Gartenmonat vorkommende Seelenprojekt.
- Suche dir gartenbegeisterte Menschen, die sowohl Garten als auch Seele aufblühen lassen möchten. Gemeinsam schafft man mehr!
- Recherchiere weitere Literatur, um bei deinem Seelenprojekt auch außerhalb deines Gartens voranzukommen.
- Rezipiere zusätzlich Bücher, Videos oder Kurse zu den Praktiken, die deine Seele besonders ansprechen oder dir noch schwerfallen.

## DIE STRUKTUR DES GARTENJAHRES

Nun hast du es geschafft! Deine grüne Oase und dein innerer Seelengarten sind bereits das erste Jahr erblüht. Jetzt darfst du dich ausruhen, bevor das Gartenjahr erneut startet. Du wirst schnell merken, dass kein Jahr dem anderen gleicht. Die Witterung ist jedes Jahr anders, somit auch die Bedingungen für deine Pflanzen, für Krankheiten und Schädlinge. So wird in einem Jahr die eine Pflanze prächtig blühen und im anderen Jahr wieder eine andere. Manche deiner Pflanzen werden verschwinden, neue werden auftauchen. Dann liegt es an dir, wie du deine grüne Oase weiter gestaltest. Was du als nächstes pflanzt, was auf jeden Fall wieder und was mit Sicherheit nie mehr. Nachdem du die Grundlagen beherrschst, wirst du Erfahrungen sammeln, die dein zukünftiges Gartenjahr prägen werden. Du wirst herausfinden, was in deinem Garten besonders gut wächst und mehr davon anbauen. Du wirst Lieblingspflanzen finden und dein Repertoire stetig erweitern.

**Das Einzige, das immer gleich bleiben wird, ist der Jahresrhythmus des Aufgehens und Vergehens, an den du dich bereits ein Jahr lang gehalten hast. Diesen Rhythmus wirst du immer mehr verinnerlichen und in deinen Lebensalltag integrieren. Er wird dir Struktur und Halt geben und dich immer mehr mit der Natur verbinden. Eine heilsame Erfahrung, die über all dem steht, was du bisher angewendet und gelernt hast. Du und dein Garten werden weiter aufblühen! Dabei wünsche ich dir viel Spaß!**

# STRUKTUR
## IM ALLTAG

Achte einen Tag lang darauf, welche Strukturen du in deinem Alltag verankert hast! Was machst du jeden Tag gleich? Welche Abfolgen sind immer identisch? Welche Rituale geschehen mittlerweile unbewusst?

Hagebutten

Strauchrose 'Grandhotel'

# REGISTER

# DANKSAGUNG

Ein Buch zu schreiben ist ein langwieriger Prozess. Von der Idee bis zum fertigen Buch vergehen viele Wochen, Monate und manchmal sogar Jahre. Die Idee entwickelt sich, nimmt immer mehr Gestalt an und irgendwann ist es fertig und man hält sein Werk in beiden Händen. Dann kommt der Moment, in dem man darin blättert, liest und gar nicht glauben kann, dass dieses Buch aus der eigenen Feder stammt. Das habe ich geschafft?

Vergessen sind dann die quälenden Momente, in denen einem so gar nichts einfallen mag. Vergessen sind die Zweifel, ob irgendwer jemals dieses Buch lesen wird. Vergessen ist der Druck der letzten Tage, an denen man glaubte, niemals fertig zu werden.

Damit all das gut werden kann, braucht es Menschen, die einen begleiten. Deshalb gilt mein besonderer Dank meiner inspirierenden Lektorin Saskia Hauck, die es immer wieder geschafft hat, mir neue, kreative Ideen zu entlocken, von denen ich niemals glaubte, dass sie in mir schlummern. Ebenso gilt mein Dank Pia von Miller und Anna Fiedler, die mit ihrer Arbeit meine geschriebenen Zeilen und Bilder zu einem Gesamtkunstwerk zusammengefügt haben. Das Cover ist eine Wucht! Ebenfalls ein dickes Dankeschön an Antje Krause für das zügige und kompetente Korrektorat. Dem EMF Verlag danke ich vielmals dafür, dass ich ein Buch schreiben durfte, das ganz mir entspricht. Ich hoffe, es ist eine Bereicherung für das kreative Sortiment.

Ebenfalls danke ich meinen Autorenkolleginnen Sandra Jägers und Sonja Di Leo, die mir mit ihren Erfahrungen ganz unkompliziert viele Fragen beantworten konnten.

Danke auch an die Staudengärtnerei Gräfin von Zeppelin, der Staudengärtnerei Gaißmayer, dem Antikwerk Gut Glaserhof, dem Schau- und Sichtungsgarten Hermannshof, dem Landhaus Ettenbühl, der Baumschule Huben und dem Schaugarten von Bergles & Schauer, die mit ihren wunderbaren Gärten zu dem einen oder anderen Foto beigetragen haben und mich immer wieder inspirieren.

Dieses Buch wäre zudem nie zustande gekommen, wenn es nicht Menschen in meinem Leben gäbe, die mich stets gefördert, mich selbstbewusst und mutig oder das Thema „Garten" zu einem ganz besonderen Erlebnis gemacht hätten. Hierzu gehören meine Eltern Waltraud und Manfred, meine Schwester Corinna, meine Urgroßeltern und Großeltern. Zudem durfte ich von vielen liebenswerten Menschen lernen. Vielen Dank, Anni & Manfred, Lisbeth & Hans, Ilse & Erwin, Karin & Klaus und Peter & Manne.

Mein besonderer Dank gilt meinem Herzensmensch Thomas, der mich seit mehr als zwei Jahrzehnten durch alle Höhen und Tiefen des Lebens begleitet. Ich danke dir für deine Liebe, deine Geduld und deinen Rat. Es gibt keinen Menschen, der mir näher steht und der mich so im Herzen berührt wie du!

# ÜBER DEN AUTOR

Wenn der Psychologe und Hobbygärtner Sven Beck von seiner Arbeit nach Hause kommt, geht es erst einmal für ein paar Minuten in den Garten. So schafft er es, den Arbeitsalltag hinter sich zu lassen und zur Ruhe zu kommen. Dabei braucht es gar nicht viel, um in einen entspannten Zustand zu kommen. Es geht allein um das Erleben des Gartens. Ein Umstand der zur Grundidee dieses Buches führte.

Der Liebe zum Garten ist er bereits von klein auf verschrieben. Und so gärtnert er über die Jahre hinweg in Gärten von Großeltern, Eltern, Freunden und Schwiegereltern. Immer nur als Helfer, aber stets mit vollem Einsatz. Im Umgang mit den verschiedensten Gartenbesitzern lernt er wichtiges Gartenwissen, welches später in seiner eigenen grünen Oase umgesetzt wird.

Mit dem Umzug in eine Wohnung mit Gartenanteil (2009) ist der Weg frei für eigene kreative Ideen rund um den Garten. Es entsteht ein weißer Garten auf kleinster Fläche – mehrheitlich in Töpfen. Dieser ist dank des kleinen Areals und der großen Topfdichte schnell umgezogen, als es drei Jahre später ins eigene Haus mit Garten geht. Auf zirka 350 Quadratmetern lässt es sich weitaus besser gärtnern. Viel Rasen, ein großes Gemüsebeet und eine geringe Bepflanzung, lassen viel Raum für Kreativität. So entsteht erneut ein weißer Garten.

Der Traum vom englischen Arts-and-Crafts-Garten führt letztlich dazu, dass der Garten 2019 in eigener Planung, aber mit Unterstützung eines Gartenbauers komplett umgestaltet wird. Der Rasen verschwindet, üppige Staudenbeete entstehen und der Garten wird mittels Plätzen und Mauern in zehn Gartenräume aufgeteilt. Das ist der Startschuss für die literarische Begleitung des Gärtnerns auf dem Gartenblog „beetwunderung.de". Mit seinem Blog weckt er das mediale Interesse für seine Art der Gartenarbeit und gewinnt 2021 den ersten Platz des „Deutschen Gartenbuchpreises" in der Rubrik „Gartenblog". Weitere Preise für Blog und Garten und eine Kolumne in einem Gartenmagazin folgen.

Das Besondere an den Gartenthemen des Hobbygärtners sind seine psychologischen Sichtweisen auf das Gärtnern, die immer wieder neben praktischen Tipps, kreativen Ideen und virtuellen Gartenreisen sein Repertoire bestimmen. Stetig lernt er Neues dazu und stellt sich mutig auf verändernde Begebenheiten und Trends ein. So gärtnert er biologisch, erprobt hitzebeständige Pflanzen, integriert Wildpflanzen und zieht einen Teil seiner Schnittblumen – analog der Slow-Flowers-Bewegung – selbst. Mit der Zeit entwickelt er zudem eine Leidenschaft für die Floristik, die die Gartenliebe wunderbar ergänzt.

All das verschmilzt in diesem Werk zu einem besonderen Gesamterlebnis! Die Leidenschaft für das Gärtnern, die Kreativität und das psychische Wohlergehen vereinen sich zu einer Symbiose zwischen Mensch und (Garten-) Natur. Ganz so, wie er es selbst lebt!

Wenn du weitere Gartenideen des Autors entdecken möchtest, kannst du unter „beetwunderung.de" auf dem Internet-Blog oder in den sozialen Medien, wie Instagram, Facebook, Pinterest und YouTube fündig werden. Nun jedoch erst einmal viel Spaß mit diesem Buch!

# IMPRESSUM

Bibliografische Information der Deutschen Bibliothek.

Die Deutsche Bibliothek verzeichnet diese Publikation in der Deutschen Nationalbibliografie.

Detaillierte bibliografische Daten sind im Internet über http://www.dnb.de/ abrufbar.



EIN BUCH DER EDITION MICHAEL FISCHER

2. Auflage 2024


**Covergestaltung und Layout:** Pia von Miller
**Satz:** Pia von Miller und Anna Fiedler
**Redaktion und Lektorat:** Saskia Hauck
**Fachkorrektorat:** Antje Krause

**Bildnachweis:**
**Fotos:** Alle Bilder vom Autor, mit Ausnahme der Folgenden: Umschlag: ©Saharak Wutthitham/Shutterstock, ©Helga_foto/Shutterstock; S. 14 links: ©Chaitra Kukanur/Shutterstock; S. 15 rechts oben: ©Peter Turner Photography/Shutterstock; S. 18: ©kram-9/Shutterstock; S. 19 links: ©Singkham/Shutterstock, rechts: ©nieriss/Shutterstock; S. 20 oben: ©Ekaterina_Minaeva/Shutterstock, unten: ©Lipatova Maryna/Shutterstock; S. 21 rechts: ©aga7ta/Shutterstock; S. 24: ©New Africa/Shutterstock; S. 33 oben rechts: ©Nick Greaves/Shutterstock, unten rechts: ©Wan bo/Shutterstock; S. 38: ©Nadzeya Pakhomava/Shutterstock; S. 39: ©thka/Shutterstock; S. 45 rechts unten: ©motorolka/Shutterstock; S. 51 rechts unten: ©Scott Cobb UK/Shutterstock; S. 54: ©JoannaTkaczuk/Shutterstock; S. 62: ©Martina Birnbaum/Shutterstock; S. 67: ©S.Matthews/Shutterstock; S. 69 zweites von unten: ©chinahbzyg/Shutterstock, unten: ©Petr Ganaj/Shutterstock; S. 83 oben rechts: ©Manfred Ruckszio/Shutterstock; S. 87 oben: ©Serhii Brovko/Shutterstock; S. 90: ©Thinnapob Proongsak/Shutterstock; S. 91 links oben: ©Lidia Kovacs/Shutterstock; S. 93 zweites von oben rechts: ©nnattalli/Shutterstock, unten rechts: © Sergey V Kalyakin/Shutterstock; S. 126 oben: ©Helga_foto/Shutterstock, unten: ©Saharak Wutthitham/Shutterstock; S. 127: ©Gonzalo de Miceu/Shutterstock; S. 128: ©ANNAMALAI RAJENDRAN/Shutterstock; S. 129 oben: ©vm2002/Shutterstock; S. 130: ©David Bukach/Shutterstock; S. 134 oben: ©sanddebeautheil/Shutterstock; S. 141 oben rechts: ©photowind/Shutterstock, zweites von oben rechts: ©newsony/Shutterstock, zweites von unten rechts: ©Thunchit Wonghong/Shutterstock; S. 146 rechts: ©photoPOU/Shutterstock; S. 147: ©Bildagentur Zoonar GmbH/Shutterstock; S. 162 links: ©Marek Walica/Shutterstock, rechts: ©DKeith/Shutterstock; S. 163: ©Kathy D. Reasor/Shutterstock; S. 168 oben: ©Svetlana Gorbacheva/Shutterstock, unten: ©DariKor/Shutterstock; S. 170 links: ©Vera Shcher/Shutterstock, rechts: ©K.-U. Haessler/Shutterstock.
**Illustrationen:** Umschlag, S. 2 und 4: ©Ardea-studio/Shutterstock, S. 7: ©EV-DA/Shutterstock; S. 8: ©solmariart/Shutterstock; S. 10: ©Oganic SL/Shutterstock; S. 12: ©Irina Anokhina/Shutterstock; S. 18: ©WatercolorGardens/Shutterstock; S. 22, 149: ©Potapov Alexander/Shutterstock; S. 26: ©Yumee/Shutterstock; S. 29: ©dalidasia/Shutterstock; S. 32 Blume: ©Watercolor poetry/Shutterstock, Farbkreis: ©Azurhino/Shutterstock; S. 34, 61: ©Sintcova Svetlana/Shutterstock; S. 37: ©Evgeniya_Homa/Shutterstock; S. 41, 65, 89, 116, 127, 150: ©arxichtu4ki/Shutterstock; S. 48, 71, 73, 78, 87, 90, 101, 111, 114, 120, 129, 133, 153, 163: ©Gringoann.art/Shutterstock; S. 53: ©Alena Samborskaya/Shutterstock; S. 57: ©Stephen B. Goodwin/Shutterstock; S. 58: ©DashaDasha/Shutterstock; S. 77, 85: ©Julia Solomatina/Shutterstock; S. 97: ©Kotkoa/Shutterstock; S. 106, 113: ©Artnizu/Shutterstock; S. 125: ©Ola-la/Shutterstock; S. 130: ©aleksa__ch/Shutterstock; S. 131: ©Anastasia Lembrik/Shutterstock; S. 135: ©IVANCHINA ANNA/Shutterstock; S. 137: ©Nature Notes/Shutterstock; S. 144/145: ©Nataliia Pyzhova/Shutterstock; S. 155: ©Analgin/Shutterstock; S. 159: ©lichu/Shutterstock; S. 161: ©Gannie/Shutterstock.

ISBN 978-3-7459-1850-2
Gedruckt bei PNB Print SIA „Jansili“, Silakrogs, Ropazu novads, LV-2133, Lettland
www.emf-verlag.de